日中国交
正常化45周年
記念出版

中国工業化の歴史

― 化学の視点から ―

東京大学経済学博士
峰　毅 著
Mine Takeshi

日本僑報社

特別寄稿

東京大学名誉教授 中兼和津次

　峰毅著『中国工業化の歴史―化学の視点から』を推薦いたします。氏の学位論文である『中国に継承された「満洲国」の産業』御茶の水書房，2009年11月は、中国における化学工業が満州国時代から新中国へどのように遺産として引き継がれていったのか、克明に分析した著作であり、中国の経済史、あるいは産業史の研究として高く評価されておりますが、このたび氏が長年書き溜めておいた「中国工業発展史」を上梓することになり、前著を発展させて過去から現在に至る百数十年の中国工業化の歴史を解き明かす研究書となりました。

　清末に「洋務運動」が起こり、そこから中国の近代工業化が始まりますが、中華民国から「満州国」の時代へ、さらに新中国から現代中国へと、大きな歴史的流れに沿って中国の近代工業、その中でも化学工業がどのように展開し、発展していったのか、この1冊で全て分かるようになっています。こうした研究書はこれまでほとんど出版されておらず、その意味できわめて貴重な成果ですが、そのうえこの書は専門書というよりも一般向けに書かれており、中国における近代工業の発展史を平易に理解できる内容になっております。

　さらに、近代工業の発展を通じて中国の経済、さらには政治の動きも紹介されており、中国の近現代史も学べる構成になっており、中国の歴史に詳しくない人でも、あるいは中国近代の歴史に興味のある人にとっても、時代の流れを見通せる格好の参考書にもなっています。

※中兼和津次氏 略歴：東京大学教養学部卒。アジア経済研究所，一橋大学を経て東京大学教授（1990-2003年），青山学院大学教授（2003-10年）。現在は東京大学名誉教授。

特別寄稿

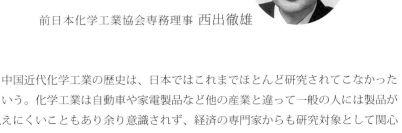

前日本化学工業協会専務理事　西出徹雄

　中国近代化学工業の歴史は、日本ではこれまでほとんど研究されてこなかったという。化学工業は自動車や家電製品など他の産業と違って一般の人には製品が見えにくいこともあり余り意識されず、経済の専門家からも研究対象として関心を持ってもらいにくかったようだ。しかし、他の産業を原材料や部品の供給を通じて支える産業であるから、一国の工業化、近代化がうまく進んでいくかどうかの重要な基盤を成している。

　現在の世界経済を見れば、中国の位置づけの大きさを認識せざるをえないが、世界の工場たる現在の中国が成立した背景の１つが化学工業の発展といえる。フォーチュン誌の発表する世界企業の売上高ランキングでは中国企業が上位を占めるようになり、2016年ではSINOPECが第３位に躍進している。また世界の化学品出荷に占める中国のシェアは39.9％と、全アメリカ（20.3％）と全欧州（17.4％）を合わせたより大きく、米国の2.7倍、日本の10倍に達している。

　近年の中国における化学工業の発展には欧米大企業が深く関与しているが、少し時代を遡ってみると、明治時代から第２次世界大戦後のかなりの時期まで、日本の化学工業の発展と密接に関係してきたことは明らかである。この事実は、最近の目先の動向を見ることだけに終始していると当然視野に入らず、日本で化学工業に携わっていても余り意識されないままとなっている。

　著者は、この忘れられていた中国近代化学工業の発展を近代日本との関係の中で、もう一度再確認しようと試み、これまで永く手を付けられないままになっていた、しかし極めて重要な歴史を、私たちに見やすい形で提示してくれた。著者が本格的にこの分野の研究に入る契機となったのが、プロローグのとおり2011年の陳歆文先生来日時の講演会であったとすれば、それはこの企画に及ばずながら関わった一人として大変喜ばしい偶然に違いない。

　実は時を同じくして化学業界の世界組織である国際化学工業協会協議会

（ICCA）では、中国を代表する中国石油和化学工業聯盟（CPCIF）をメンバーに招き入れる努力を続けていたが、更にこれと並行して日中間でも定期協議を行うことで合意ができ、2015年から相互に行き来を続けながら、CPCIFとの間で連携強化を進めている。

　事業環境が大きく変化する時代にある化学工業を見ると、過剰設備問題のような後向きの課題も、環境対策をはじめ持続的発展に向けた前向きの課題も、その多くを日中両国で共有している。「水を飲む人は井戸を掘った人の恩を忘れない」というが、著者の提示してくれた、相互に深く関わり合って発展してきた化学工業と先人の努力の歴史を振り返ることは、未来に向けた日中間の発展的互恵関係を構築していく上で、出発点となるべきことではないだろうか。

※西出徹雄氏 略歴：東京工業大学理学部卒。経済産業省入省。化学課長，中国経済産業局長を経て日本化学工業協会専務理事（2007-16年）。現在は化学研究評価機構理事長。

特別インタビュー
肥料事業部時代の思い出

元三菱化学社長 冨澤龍一

段 日本僑報社の段躍中です。本書の著者の峰さんは若い頃に肥料事業部で中国向け輸出を担当されており，本書でも肥料関連がかなり詳しく描かれています。冨澤さんも若い頃は肥料事業部におられたと聞いています。本日は冨澤さんの肥料事業部時代のご経験をお聞かせ下さい。

冨澤 私は1965年に大学を卒業して当時の三菱化成に入社しました。最初の勤務地は福岡県の黒崎工場でしたが，その後，本社の肥料事業部に転勤になりました。もう40年以上も前になりますけれど，その時に三井東圧化学におられた峰さんと一緒に仕事をしました。肥料事業部時代は若かりし頃の懐かしい思い出です。

段 その頃の日中貿易の主力は肥料と鉄鋼だったと思います。肥料業界と鉄鋼業界の輸出商談にはどんな違いがありましたか？

冨澤 当時の肥料業界が他の業界と大きく異なっていたのは，日本硫安輸出会社というカルテル会社が特殊法の下で認められていたことです。独禁法の制約があるので，通常，日本側は共同商談ができません。鉄鋼業界は共同商談ができないため苦労が多かったと聞いています。

段 カルテル会社があるとどんな商談になるのですか？

冨澤 主要な肥料メーカーが代表者を派遣してオールジャパン交渉団による共同商談が可能でした。中国との肥料商談は毎年難航して長期にわたるのでマラソン交渉と言われました。当時の北京は生活環境が悪く，その中を長期の難交渉で苦労している諸先輩の元気がでるように，家族からの手紙やインスタントラーメンとかレトルトカレーとかの食品を，懇意な友好商社に託して交渉団に届けることが重要な仕事でした。

段 冨澤さんご自身は商談に出席されたことがありますか？

冨澤 1度だけあります。第1次石油危機直後のオールジャパン交渉団の団長が

三菱化成の田中専務だったので，その秘書役として訪中しました。この時は60日間を北京で過ごしました。峰さんも確か1度だけ北京での商談に参加されたように記憶しています。

段　共同商談で交渉妥結した後はどうなるのですか？

冨澤　北京での交渉が妥結すると，各メーカーが日本硫安工業協会にある会議室に集まり，メーカー別の出荷分担を決めます。この会議に出席して会社別輸出数量を決めるのが私たちの仕事でした。このような業界活動ができたのはカルテル会社があったためです。カルテル会社の名前は日本硫安輸出会社でも中国向け輸出の中心は尿素でした。尿素の輸出は当時の三井東圧化学と三菱化成で業界のほぼ半分を占めました。それで何かと顔を合わせて業界の調整をすることが多かったように思います。

段　中国向け輸出業務でどんなことが記憶に残っていますか？

冨澤　日本と競合するヨーロッパや中東は運賃を抑えるために大型船で輸送しました。しかし，当時の中国の港湾事情は劣悪です。大型船は受け入れできない港が多かったように記憶しています。中国の港湾事情にあった小型船で輸送する日本は，契約後の船済み出荷が重要な仕事だったのを懐かしく思い出します。

段　最近の中国事情に関して思われることをお話下さい。

冨澤　市場経済が進展した現在の中国事情は，私たちが苦労した時代とは大きく異なっているでしょう。現在の中国は生産のみでなく消費からも注目されています。ですが，歴史を知ることなしに現在は語れません。中国工業化の歴史を平易に解説した本書の出版は時宜にかなっていると思います。

段　最後に近況をお知らせ願います。

冨澤　現在の私は社業を離れて5年，中国とのかかわりも日に日に薄くなっています。しかし，今回，若かりし頃を久々に思い出し中国を考えました。峰さんは一時期体調を崩されていましたが，体調回復後は大学に戻って研究者に転身し，今は中国経済をテーマに研究者として新しい道を歩まれています。今後の一層のご活躍を祈っています。

（文責：段躍中）

※冨澤龍一氏 略歴：東京大学法学部卒。三菱化成入社。黒崎工場，肥料事業部，ヨーロッパ駐在，医薬カンパニー等を経て，三菱化学社長（2002-07年），会長（2007-12年）。

目　　次

プロローグ ……………………………………………………… 12

第1部　　戦　前

第1章　清朝末期 …………………………………………… 20
　　1　日本からの視点の重要性　20
　　2　近代化学工業の誕生　21
　　3　化学工業の母ソーダ工業の発展　23
　　4　軍需から生まれた中国化学工業　24
　　5　漢民族の復権と工業化　25
　　6　近代中国における科学技術の停滞　27

第2章　中華民国 …………………………………………… 30
　　1　中華民国の工業化　32
　　2　孫文の経済建設　34
　　3　蒋介石の経済建設　35
　　4　民族資本の発展　32
　　5　世界が評価した化学者侯徳榜　37
　　6　窒素肥料工場建設と日本軍による接収　38
　　7　北范南呉　41

第3章　満州国 ……………………………………………… 43
　　1　満洲について　43
　　2　満洲経営先兵としての満鉄　44
　　3　日本企業の満洲進出　47
　　4　中国企業の接収　49
　　5　満洲化学工業の発展　50
　　6　2つの産業開発5ヵ年計画　53
　　7　苦悩する満鉄　54
　　8　日系化学企業の動向　56

第4章	日中戦争 ……………………………………………… 58

1 満洲から華北へ　58

2 日中戦争のはじまり　59

3 重慶国民政府の経済建設　62

4 共産党支配地区　65

5 興中公司と北支那開発　65

6 日系化学企業の動向　66

第5章	戦前中国の産業構造 ………………………………… 70

1 発達しなかった有機化学と電気化学　70

2 化学工業からの分析　71

3 中華民国／満洲国／日本の比較　73

第2部　　計画経済時代

第6章	日本敗戦後の中国東北地方 ………………………… 76

1 日本敗戦　76

2 ソ連軍の東北占領　77

3 日中米の政府報告　80

4 再び国共内戦　82

5 いち早く始まった大連の復興　83

6 東北で勝利した共産党が大陸制覇　84

第7章	経済復興と第1次5ヵ年計画 ……………………… 86

1 重視された化学工業と東北復興　86

2 日本人技術者の留用　88

3 社会主義経済への歩み　90

4 「ソ連一辺倒」と留用技術者の帰国　92

5 復興計画と第1次5ヶ年計画の関連性　94

6 第1次5ヵ年計画で重視された産業　95

7 化学工業における第1次5ヵ年計画　97

8 化学工業部の設立　99

第8章　小型化と石油化学技術開発の失敗 ……………………………100
　　1　中ソ関係は蜜月から対立へ　100
　　2　自力更生と地域自給　101
　　3　文化革命　102
　　4　三線建設　103
　　5　小型化を指向した生産体系　104
　　6　化学工業の分野構成　108
　　7　石油化学技術開発の失敗　110

第9章　計画経済を支えた戦前日本の技術 ……………………………114
　　1　継承の定義　114
　　2　継承のイメージ図　115
　　3　中国に継承された満洲化学工業　116
　　4　継承に関する補論　118
　　5　まとめ　119

第3部　　改革開放後

第10章　大規模な西側技術投入 ……………………………………124
　　1　エズラ・ヴォーゲルの分析　124
　　2　改革開放をどう理解するか　125
　　3　計画経済時代の技術開発と生産構造　127
　　4　西側技術導入　129
　　5　実績をあげなかった第1次技術導入　133
　　6　実績をあげた第2次技術導入　135
　　7　大規模西側技術導入が中国社会に与えたもの　137

第11章　国家財政の破綻 ……………………………………………139
　　1　「経済発展10ヵ年規画」誕生と破綻　139
　　2　シノペック設立とプロジェクト復活　141
　　3　「日中長期貿易取決め」　143
　　4　日中経済知識交流会　145
　　5　小宮東大教授の指摘　148

第12章　政策の転換 ··· 150

1　技術導入政策の変化　150
2　陳雲と鄧小平　150
3　香港・マカオを訪問した段雲ミッション　152
4　広東省と福建省での実験　153
5　「一国二制」　155
6　経済特区の拡大発展　156
7　郷鎮企業の誕生と発展　158
8　染料中間体生産に参入した郷鎮企業　159
9　日本化薬の事例　162

第13章　企業の変貌 ··· 164

1　会社制度の導入　164
2　国有企業改革　165
3　朱鎔基の改革　167
4　中央企業の誕生　169
5　鞍山製鉄再建の事例　175

第14章　WTO加盟 ··· 177

1　中国のGATT／WTO加盟問題　177
2　加盟交渉　179
3　WTO加盟後の状況　180
4　WTO加盟の被害者は大豆農家　182
5　WTOルール下のアンチダンピング措置　185
6　中国のアンチダンピング調査　186
7　日本政府と日本業界の対応　188
8　「シアトルの悲劇」を経てドーハラウンド交渉へ　189

第15章　花開く石炭液化技術 ···································· 191

1　「煤制油」　191
2　留用技術者の訪中と日中技術交流　193
3　東方科学技術協力会とNEDO　195
4　石炭液化工場建設　198
5　間接液化法について　200
6　アンモニア，メタノールと石炭液化　201

エピローグ ··· 206

プ ロ ロ ー グ

1．経済学研究者からみた化学工業

　本書は，化学業界の月刊誌『化学経済』2011年10月号から2015年12月号にかけて連載した，中国化学工業発展の歴史を書き直したものです。書き直すにあたっては，化学工業に馴染みの薄い読者を想定して，業界以外の読者にも読みやすい平易な表現を心がけました。この連載は足かけ5年，丸4年間と長期にわたりましたので，一般読者の関心が薄いと思われる部分を大幅に削除し，字数を約1／6に圧縮しました。

　私は現代中国経済を研究対象とする中国経済研究者ですが，元来，化学業界出身です。大学では経済学を学び，卒業後は財閥系の化学企業に就職しました。会社生活では主として肥料事業部と海外部・国際部の仕事に携わり，1994年から1999年まで北京で駐在生活を送りました。帰国した後に体調を崩して会社を退職し，1年間の療養生活を経てから，大学に戻りました。そして，中国経済を対象に博士論文に取り組みました。

　久々に大学に戻って感じたことは，現在の大学はかって一部にみられた象牙の塔のイメージが全くないということです。私の学生時代はマルクス経済学が主流でした。理論は魅力的でしたが，現実の日本経済の分析となるといま一つ，という感じがあったように思います。現在では全く違います。現実の経済がどうか，それは個別産業ではどうか，さらに，企業の実態はどうか，といった具体的な問題をテーマに研究活動がなされています。

　私が再び学生となって中国経済研究を始めた頃，博士論文のテーマには中国の環境問題を考えていました。それに対し，中国環境問題へのアプローチの困難さ，他方で，中国経済における個々の産業，特に研究蓄積の薄い化学工業，研究の重要性をさとされて，私に中国化学工業を研究するよう導いていただいたのは中兼和津次東京大学名誉教授です。中兼教授からの話で，化学工業が現実の経済分析

の対象に選ばれていないことを知りました。

　化学工業に関する既存の研究が少ないことは，見方を変えると，研究者にとって魅力的な分野であることを意味します。研究活動から得られる成果は，投入する時間に比例するわけではありません。先行研究が多いと，より多くの時間をかけないと新しい成果は得られません。経済学の用語では「収穫逓減の法則」[1] といいますが，これはある意味で当然のことでして，経済学に限ったものではないでしょう。研究蓄積の薄い中国化学工業を研究することは，一定の研究時間を投入すれば，得られる収穫である研究成果が大きいことを期待できます。中国工業化の歴史における化学工業の重要性を考えると，中国化学工業の研究は宝の山なのです。

　化学工業を外からみると，一言でいうならば，化学工業はわかりにくい産業です。まず，製品名が馴染みにくい。製品は多種多様でしかも数が非常に多い。化学の全体像把握は鉄鋼や電力や自動車のようにはいきません。工場見学してもパイプラインが並んでいるだけで中身がちっともわからない。そのため，化学工業は一般社会ではあまり知られていません。

　しかしながら，化学工業は社会が必要とするものを発明し，それを安価に大量に供給することで工業として発達を遂げてきました。その発展の歴史は一国経済の工業化の歴史であり，その国の経済に中間原料を供給する産業として，国の経済構造を反映します。それにもかかわらず，化学工業に関する関心は低いのが現実です。

　その主な原因は，製品の数が多いこと，また，個々の製品が分かりにくいため，全体像の把握が容易でないことにあると思います。また，日本では，化学企業の数が多いのも原因でしょう。戦前から旧財閥を中心にして数多くの化学企業があり，それぞれのグループに属する企業が同じような製品を生産しています。化学企業は相対的に規模が小さく，関心を持つにふさわしい魅力的な企業がなかったからともいえます。最近では環境汚染という負のイメージもあります。現在の私が身を置く中国経済学界でも，化学工業を対象とする研究業績は多くありません。

　このような状況の中で，中国経済発展の歴史において化学工業が果たした役割を一般読者に理解してほしい，そして，私が社会人として長らく親しんできた化学工業をもっとよく知ってほしい，という気持ちを懐いて本書を書きました。

2．中国化学工業研究のはじまり

　私に中国化学工業研究を勧められた中兼教授はその後東京大学を去られ，替って中国研究を指導していただいたのは田島俊雄教授です。田島教授が東京大学社会科学研究所内に設けた東アジア経済史研究会は，私にとって何よりの研究活動実践の場でした。ここで最初に取り上げた分野が中国化学工業でした。これまでの研究蓄積が薄かった化学工業にスポットライトを当て，近現代100年を通した中国化学工業の発展経過を共同研究しました。

　共同研究の内容は，中国化学工業の源流として永利化工・天原電化・満洲化学・満洲電化の4企業を取り上げて民国期の初期形成とその後の発展状況を論じたもの，人民共和国に入ってからの民国期の遺産と技術進歩と産業組織を論じたもの，中華民国期を代表する民族資本家である永利化学に焦点を当てその金融構造を考察したもの，戦後国民政府期から人民共和国成立後の第1次5ヵ年計画にかけての上海の化学工業の展開を検討したもの，植民地期から戦後復興期にかけての台湾の化学肥料需給の構造と展開を明らかにしたもの，人民共和国初期の農産物統制と化学肥料の統制の関連を分析したもの，とさまざまです[2]。

　この時，私が担当したのは戦間期における東アジアの化学工業の分析でした。戦間期とは経済史で使用される用語で，第1次世界大戦と第2次世界大戦の間の時期を指します。ほぼ同時期にスタートした日本と中国の化学工業の発展を対比し，戦間期に大きく成長した日本と，それとは対照的に停滞した中国を比較することにより，中国化学工業の特徴を分析しました。

　戦間期は日本が世界の列強の仲間入りをした時期です。諸々の分野で日本の産業が自立し急激な成長をとげました。化学工業もしかりです。アンモニア，カーバイド，アルミ精錬など当時の日本の主要化学製品が，生産高で世界の2－4位になりました。他方，中国化学工業の発展は，日本の中国進出により大きなブレーキがかかります。

　本書では，東アジアにおける化学工業の勃興時の状況を，日本と中国のそれぞれの国内事情をみながら分析します。それと同時に，当時の日本の化学企業が個別にどのような行動を取ったのか，それが中国化学工業にどのような影響を与えたのかを論じます。

3．陳歆文教授の来日

　振り返ってみると，『化学経済』連載のきっかけは，東京大学社会科学研究所が，中国化学工業史研究の第一人者である陳歆文先生を東京大学に招聘したことです。この機会を利用し，日本化学業界と連携して中国化学工業に関する共同講演会を開催する構想が生まれ，その任に私があたることになりました。共同講演会構想は，中国化学工業育ての親といわれる侯徳榜の伝記を書いた陳先生の著作を日本語に翻訳した久保田宏東京工業大学名誉教授の賛同を得て，大きく前進しました。

　侯徳榜はソルベー法ソーダの研究で世界的な名声を得ています。彼の名を冠したソーダ生産法 "Dr. Hou's process" でも知られています。そのため，ソーダ業界からは共同講演会構想を直ちに支持していただきました。加えて，久保田教授の教え子である西出徹雄日本化学工業協会専務理事の賛同を得て，幅広い企業が会員となっている日本化学工業協会の協力を得ることができました。さらに，久保田教授が所属する化学工学会（ケミカルエンジニアの学会）からの出席もありました。

　その結果，産業界とケミカルエンジニア学会と中国経済研究者という，大変めずらしい組み合わせの合同講演会が，「侯徳榜と中国化学工業の発展」と題して，2011年3月1日に鉄鋼会館において実施されました（写真P-1）。その状況は田島俊雄東京大学教授（現大阪産業大学教授）が『化学経済』にすでに執筆されているとおりです[3]。

写真P-1　合同講演会

化学業界とケミカルエンジニア学会と中国経済研究者という珍しい組み合わせで2011年3月1日鉄鋼会館開催された合同講演会「侯徳榜と中国化学工業の発展」にて。右から順に田島教授，陳教授，筆者。
出所：洪紹洋元東京大学社会科学研究所研究員（現（台湾）陽明大学助理教授）提供。

4．連載の始まり

　もう一つ，『化学経済』連載の契機としては，このようなことがありました。それは拙著『中国に継承された満洲国の産業』（2009年，御茶の水書房）を読んだ中国の第一線で活躍されている化学業界の方から，この本を一般向けに書き直し，日本の化学業界関係者に広く読んでもらったらどうか，という話があったことです。

　この本は学術図書でして，一般読者を想定しておりません。率直なところ大変読みづらい本です。文部科学省の出版助成金という補助金を得てはじめて出版可能になった学術研究書です。私が一般読者ならまず読まないような堅苦しいこの本を，日々の忙しい仕事をこなしながら，飛行機の中で読まれたその方の読書力には敬服するばかりです。

　私の研究対象は現代中国経済ですので，中国化学工業を論じつつも，中国経済構造の全体像を叙述するよう努めました。単に中国化学工業のみをみるのではなく，中国経済全体の発展を論じながら，その中で化学工業の果たした役割を描きました。思わぬ反響のせいで力が入ってしまって，論考する分野やテーマが次々に広がり，あっと気がつくと，丸4年間が過ぎていた次第です。

　連載執筆を通じて，改めて，第三者の目で，長年親しんだ化学業界を分析しました。これまで手にふれたこともない化学関連の文献を一生懸命に読みました。以前は気が付かなかったものが，初めて見えたような気がします。その昔，技術者の方から聞いた話をふと思い出し，ああ，そうだったのか，と納得することが1度や2度ではありませんでした。

　連載期間中に多くの読者からコメントをいただきました。全く面識のない人からのコメントも少なくありませんでした。長年交友が絶えていた旧友から連絡を受けて，それを契機に交友が復活したこともありました。現在中国の第一線で活躍されている業界の方々からは，現地で多くの好意と支援を受け，私のフィールドワークを助けていただきました。また，ある学会の場で，「『化学経済』読んでいるよ」と言われたことがあります。読者は学界にもあることを知りました。率直なところ，想定外の多様な副産物に驚き，また，大変嬉しく思いました。

　『化学経済』は，アマゾンの化学（一般科学）関連雑誌部門で，頻繁にベストセラー上位にランクインしているそうです。連載中にいただいたコメントの実感

からいうと，読者は化学業界関係者のみならず，また，読まれている国も日本のみならず，でした。しかし，本書では一段と平易で読みやすい表現を心がけ，化学工業に馴染みの薄い読者に配慮しました。読者のみなさまが，本書により，中国工業化の歴史と化学工業に親しみを持っていただけたら大きな喜びです。それではどうかご笑覧下さい。

注

1　「収穫逓減の法則」（Law of decreasing return）は，生産要素の投入を多くすると限界生産物が減少する状況を説明する法則。限界生産物はその生産要素の投入により増加する生産量を意味する経済学用語。
2　その研究成果は，田島俊雄編著（2005）『20 世紀の中国化学工業：永利化学・天原電化とその時代』東京大学社会科学研究所研究シリーズ No.17，として刊行された。
3　田島俊雄（2011）「侯徳榜と中国化学工業の発展（要旨）」『化学経済』2011 年 7 月号。

第 1 部
戦　前

第 1 章
清 朝 末 期

1．日本からの視点の重要性

　中国経済発展の歴史を理解するには，特にWTO加盟以前においては，日本の動向を並行してみることが大切です。現在では中国が重視する国はアメリカであり，日本が中国に及ぼす影響は年ごとに小さくなっています。しかし，中国に近代工業が誕生した19世紀末から20世紀末までは，日本は中国に最も大きな影響を与えました。

　日本は長年中国から文化を輸入してきました。これが逆転したのが明治期です。日本の明治維新は中国に大きな影響を与え，日本がはじめて中国に文化を輸出しました。それ以降つい最近まで，日本は，いい意味でも悪い意味でも，中国に最も強い影響を及ぼす国でした。日本自身はあまり自覚していませんが，改革開放においても日本の政治や経済が大きな影響を与えたことが，最近の研究業績で明らかにされつつあります。

　明治政府の中心勢力になったのは薩摩藩と長州藩です。薩摩藩は清朝の属国でもあった琉球を支配下に置き，琉球経由で中国の情報を得ていました。アヘン戦争による中国の没落情報をいち早く入手して危機感をつのらせ，ヨーロッパから技術を導入して地元の産業を育成しました。長州藩は，攘夷を唱えていたにもかかわらず，高杉晋作が1861年に上海を訪れて，太平天国の乱による中国政治経済社会の混乱を目の当たり観察しています。高杉は上海での中国観察を『遊清五録』として著し，長州藩内の世論形成に，さらには明治新政府の政策決定に大きな影響を与えました。

　高杉の弟弟子である久坂玄瑞は，イギリス・フランスが日本に攻めてこないのは両国が太平天国の乱鎮圧に手間取っているからで，乱が平定されたなら日本に向かうであろうと危機感を持っていました。歴史の事実は久坂の予感どおりでした。すなわち，太平天国の乱が鎮圧された1864年に，列強4ヶ国艦隊は下関海

峡を攻撃し，長州藩の軍事施設を徹底的に破壊しました。

4ヶ国艦隊が下関海峡を攻撃した前年の1863年は薩英戦争がありました。薩摩藩も軍事力では全く対抗できないのを既にこの時に実感しました。明治新政府の中心勢力となった長州藩も薩摩藩も，この強大な軍事力の源になっている近代工業育成が必要なことを早くから痛感していたのです。アヘン戦争後の中国の弱体化は日本にとって反面教師であり，日本の近代化に大きな影響を与えました。そして，近代化に成功した日本は，今後は逆に，中国の近代化に大きな影響を与えるのです。

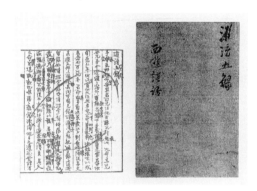

写真1-1　『遊清五録』

『遊清五録』は徳川幕府が上海に派遣した千歳丸に同乗した高杉晋作の手録で，往復の航海記と長崎および上海の見聞を主とし，その他の関連記録を綴じ込んだもの。
出所：一坂太郎編（2002）『高杉晋作史料第二巻』マツノ書房，口絵p.5。

2．近代化学工業の誕生

化学工業は一国経済の中間素材を提供する産業です。その国の経済構造をよく反映します。本書は中国工業化の歴史を中国化学工業発展の中でとらえることを目的としていますので，まずは，中国において近代化学工業が誕生した時の状況から入りましょう。

一国の工業化の過程で最初に誕生する化学工業は酸・アルカリ工業です。その

22　第 1 部　戦前

中でも重要な化学製品は硫酸で，通常，硫酸の工業生産開始をもってその国の近代化学工業の誕生とします。中国における最初の硫酸生産は，上海の軍需工場である江南製造局で 1874 年に始まりました。用途は兵器製造用でした。続いて，1876 年に天津の兵器工場である天津機器局でも硫酸工場が建設されました。中国における初期の硫酸工場は殆どが兵器工場内に建設されました。

　一方，日本最初の硫酸工場建設は中国より 2 年早い 1872 年で，時期的には中国とほぼ同じとなります。その意味で，日中両国の化学工業は同時期にスタートしました。ところが，日本の場合，最初の硫酸工場は貨幣製造用に建設されました。これは，明治新政府が，欧米各国の貨幣を分析し，日本の貨幣が重量や品位が不統一であることを認識して，欧米式の鋳造機を導入する方針を打ち出したことによります。

　金貨や銀貨をつくるにはその洗浄剤としての硫酸が必要であり，そのために造幣工場内に硫酸設備を建設したのです。硫酸工場は造幣用以上の生産能力を持ち，余剰分は一般向けに外販されました。その後に建設された硫酸工場の主用途は肥料や銅精錬です。日本の硫酸工場は産業全般の需要にこたえたものでした。

　他方，中国においては，アヘン戦争後，1951 年に太平天国運動が始まり，清朝に対抗する独立政権が南京を首都として 14 年間も維持されました。高杉晋作が 1962 年に訪れた上海は，反乱軍が首都とした南京からの情報量が豊富でした。高杉の記録を読むと，欧米の軍事力の応援を得てやっと防戦している清朝政府の無力ぶりがよくわかります。乱は 1864 年に鎮圧されました。

　鎮圧したのは清朝政府ではなく，曾国藩・李鴻章など漢民族の地方有力者です。彼らは平定過程で実感したヨーロッパの自然科学の力を認識し，平定後は工業化を積極的に推進しました。いわゆる洋務派の誕生です。ヨーロッパで発達した自然科学の力を認め，中国の工業化を積極的に推進したことから洋務派とよばれました。

　洋務派の思想は「中学を体となし，西学を用となす」です。「中学」は清朝の封建的政治経済体制を変えないことを意味し，「西学」は軍事技術などの移植を意味しました。洋務派が最初に取り組んだ近代工業は兵器工業であり，中国の化学工業はこのような洋務派の兵器工場から始まったのです。

　硫酸工業誕生における日中の相違は両国の国内事情を反映したものです。中国の工業化に最初に取り組んだのは洋務派です。洋務派は太平天国の乱鎮圧の中で頭角を現した漢民族の地方の大官で，乱鎮圧の中で西洋の工業化から生まれた武

器の力を実感しました。そのため，洋務派は太平天国運動を鎮圧すると，直ちに兵器工場の建設に取り組んだのです。中国文献によると，洋務派が1860年代から1890年代にかけて各地に建設した兵器工場は42にもなります。

　ところが，明治政府が推進した工業化政策は性格を異にしました。日本の新政府は，富国強兵という方針の下で，殖産興業に注力したのです。新政府が出来て4年目の1971年，大久保利通や伊東博文を含む新政府の要人108名からなる岩倉ミッションが欧米視察のために国を離れました。岩倉ミッションは2年近く日本を離れて欧米の状況を学びました。

　このことは政治の力学からすると驚異的です。これほど多くの国家指導者が長期間国を留守にして欧米の技術・文化吸収に努めたこと，それにもかかわらず，その間，国内では大きな政治的な変動はありませんでした。このことは，当時の日本が広く新政府の工業化政策を支持し，国全体がそれに励んだことを物語っています。

3．化学工業の母ソーダ工業

　硫酸が安価で大量に生産されると，化学工業の母ともいわれる最も基礎的な化学原料のソーダが工業的に生産されるようになります。当時の一般的な製法はルブラン法とよばれる硫酸と塩を原料にしたもので，1823年にヨーロッパで始まりました。

　その後1870年に，品質が高くコストも安いソルベー法が開発されました。しかし，ソルベーは技術輸出を原則的に認めず，特許による技術保護の立場から厳重な情報管理をしました。日本もソルベー法の技術導入を試みました。ですが，日本はソーダの輸出市場とみなされて技術導入は実現しませんでした。

　そのため，日本のソーダ生産はルブラン法で始まります。1879年，日本で最初のソーダ工場がルブラン法により大阪で建設されました。用途は紙幣や公債証券類の印刷に必要な用紙の生産でしたが，同時に，佐渡・生野鉱山の精錬用や民間の需要にも供給されました。その後に建設されたソーダ工場は肥料用・石鹸用です。

　中国の事情は異なります。ルブラン法は技術的にやさしいのですが，大量の硫酸を必要とします。硫酸資源に恵まれない中国は，原料問題もあり，より困難な

24 第1部 戦前

ソルベー法に最初から挑戦しました。しかし，それは中華民国期に入ってからのことです。

黎明期の中国でルブラン法によるソーダ灰生産が実現しなかったもう一つの理由は，中国では内蒙古を中心に天然のソーダ灰が産出されたからでもあります。ソーダ需要の中心地の上海や天然ソーダ灰の一大集散市場である張家口では，天然ソーダ灰を溶解・加熱して純度を上げたソーダ灰が使用されました。しかし，天然ソーダの純度は低く，また，値段も高価でした。

別途，四川省では芒硝を原料にソーダ灰が生産されました。しかし，芒硝を原料にしたソーダ灰は含有炭酸ナトリウムが30-40%と低く，製法を改造しても60%程度にしかならず，基本的な品質問題がありました。このような国産ソーダ灰は，安価で高品質のソルベー法によるソーダ灰がヨーロッパから輸入されると，市場から姿を消しました。輸入品は90%近くがイギリス品でした（表1-1）。

表1-1　輸入ソーダ灰における英国品のシェア

	1913年	1914年	1915年
ソーダ灰輸入量　（トン）	29,289	37,894	28,863
英国ソーダ灰輸入量（トン）	25,719	33,962	25,913
英国ソーダ灰のシェア（%）	88	90	90

注：輸入量の原データは坦。16.67坦＝1トンで換算。
出所：陳歆文（2006）『中国近代化学工業史』化学工業出版社，p.55。

4．軍需から生まれた中国化学工業

清朝時代の農村経済を支えたのは家内工業である綿紡織業です。しかし，イギリスからの綿製品輸入は年々増加し，1880年代になると，綿製品は中国が輸入する最大の商品となりました。輸入綿製品が農村で使用されるようになると，農村家内工業の基礎である手紡糸工程が破壊されます。また，織布工程が再編成され，伝統的な農村経済が解体過程に入りました。1880年代は中国経済が世界の資本主義経済に包摂された転換期でした。

他方，日清戦争後は外国人が国内で製造できるようになり，国内生産が増加しました。中国に進出した列強諸国の企業による投資とならんで，国内の地主・官

僚・買弁・商人などの資金も蓄積され，さまざまな形で企業投資がなされました。タバコ・製粉・セメント・製紙・マッチ等の生産が一斉に始まり，石炭や綿紡績では、外国資本と中国資本の双方が事業進出しました。このような中で，兵器を中心とした洋務派も民需部門の開発にも取り組むようになります。

　日露戦争での日本の勝利は中国に刺激を与えました。外国に対する利権回収運動が始まり，国内で民族資本が勃興し，紡績・職布・製紙・精糖・石鹸・洋式かさ・針、蝋燭・マッチ・製粉・タバコなどで企業設立が相次いで，清朝政府はその保護策を図るようになりました。このような清朝末期の工業化の中で，硫酸・硝酸・塩酸・酢酸・ソーダ灰・硫化ソーダ・硅酸ソーダなどの酸アルカリ製品への需要が広範囲に生まれました。ここでソルベー法に挑戦する民族資本家が登場するのです。しかし，それは次章でのべ，本章では，漢民族の復権における工業化，清朝の滅亡，および，近代中国における科学技術の停滞を考えてみたいと思います。

5．漢民族の復権と工業化

　清朝は，日本の徳川幕府とほぼ同じ頃，満洲民族により建国されました。初期から中期にかけては有能な皇帝が国を治め，漢民族は満洲民族の皇帝の下でも反政府の行動をとらず，全盛期の乾隆帝の治世下（1735-95年）では世界最強の国家として重きをなしました。しかし，乾隆帝の没後は急速に力を失います。

　清朝の衰えを世界に知らしめたのが1840年のアヘン戦争です。イギリスに敗れた清朝はその賠償金支払等のために増税をして国民の不満を増大させ，増税や物価騰貴に対して苦しむ貧農の反乱が先述した太平天国運動です。乱は清朝に味方する洋務派の漢民族により平定されました。漢民族である洋務派が清朝内部で力を持ったことで中国社会には大きな変化が生まれました。全国統治はもはや満洲民族のみでは困難になったといえます。

　しかし，漢民族である洋務派は，満洲民族の清朝打倒を目指しませんでした。洋務派は体制を維持したまま清朝の体制の中で近代工業の育成を図ったのです。日本は古い幕藩体制を倒した上で近代工業の育成を図ったのですが，中国では洋務派は清朝打倒を目指しませんでした。その点で開国後の工業化の動きは中国と日本とは大きく異なっています。

1895年の日清戦争敗北後，洋務派は急速に力を失います。康有為・梁啓超らが推進した変法自強運動が生まれ，日本の明治維新を範とし議会政治を基礎とする立憲君主制を目指す政治運動となりました。1898年に権力を得た康有為は，洋務派のような官営中心ではなく，民営中心の急速な工業化政策を目論みました。しかし，変法自強運動は短期間で失敗に終わって政治的な混乱に陥り，その中で中国の工業化の動きは停滞します。

変法自強運動は日本の明治維新をモデルとし，清朝の絶対君主制から立憲君主制への転換を目指しました。変法自強運動は光緒帝の支持を受けたものの，実権を持つ西太后の反攻と袁世凱の裏切りに敗れ，変法自強運動は短期間で終わります。これが1998年の戊戌の政変で，康有為や梁啓超は日本に亡命しました。

1900年には困窮した民衆が山東省で蜂起し，暴動は華北全域に広がって義和団事件となります。太平天国の乱はキリスト教の影響を受けましたが，義和団事件は反キリスト教運動で，列強の中国侵略に反抗した民衆が外国人を殺害し，列強諸国の大使館等を攻撃しました。列強諸国は8ヵ国が出兵し，民衆の反乱を鎮圧します。8ヵ国の主力はロシアと日本でした。ロシアは反乱が満洲に波及することを恐れ，同時に，領土的な野心もあって満洲を占領しました。ロシアの行動は日本を刺激し，これが日露戦争の原因となったのです。

立憲君主制を唱えた変法自強運動に対し，孫文は清朝打倒を明確にした革命を目指しました。義和団事件後，清朝打倒の革命運動が急速に高まります。1911年に四川で発生した暴動を契機に，革命軍が湖北省武昌で事をあげました。これを機に中南部の16省が独立を宣言し，1912年1月に中華民国が成立しました。2月には宣統帝が退位し，300年近く続いた清朝の中国統治が終わりました。これが辛亥革命です。

革命軍が武昌で蜂起した時，孫文はアメリカのデンバーにいました。知らせを受けた孫文は，ヨーロッパ・シンガポール・香港経由で帰国し，中華民国の臨時大総統に就任します。しかし，孫文はすぐに大総統の地位を袁世凱に譲ります。中華民国はアジアで最初の共和国でしたけれども，実体は孫文に替わって実権を得た軍閥袁世凱による保守政権の継続でした。革命は民族革命であり政体変革であり，社会革命を伴いませんでした（写真1-2）。

ここで経済をみます。清朝末期の工業生産は軽工業のウェイトが高く，かつ，民間資本の発展は不十分で，軽工業を代表する綿紡績工業は，日本をはじめとする外国資本との競争で苦戦しました。ところが，清朝滅亡後間もなくして，

1914年に第1次世界大戦が勃発し、これにより中国の工業化が進展します。世界の生産活動の中心地であったヨーロッパの工業生産が激減したからです。ヨーロッパの経済復興が回復するまでの1920年代前半には、中国の民間資本が数多く生まれました。

写真1-2　革命尚未成功

孫文の「革命未だならず」（革命尚未成功）という国民党同志への名高い遺言は、その後「同志諸君は切磋琢磨して（革命実現に）努めてほしい」（同志仍須努力）と続く。
出所：中央党部国民経済計画委員会
　　　（1937）『十年来之中国経済建設』、巻頭写真。

6．近代中国における科学技術の停滞

　抽象的理論において中国は西洋に劣ったが実践的な技術的な知識では中国が凌駕していた、とよく言われます。ヨーロッパのルネッサンスを可能にしたいわゆる3大発明（火薬、羅針盤、印刷術）は7世紀から12世紀にかけて中国人の創意に淵源するものでした。火薬でその事情をみます。

　初期の火薬は硫黄・硝石・木炭を混合した黒色火薬です。（硝石を除いた）硫黄と木炭の混合物を戦争に使用するのはギリシャ火の名前で紀元前から知られていましたが、硝石を芒硝などと区別して取出したのは中国が最初です。遅くとも6世紀頃といわれます。やがて、硝石を硫黄と木炭と混ぜた火薬が誕生し、宋時代にはこの火薬を包んだ球形のものを投石機で飛ばせて爆発させて火薬を戦争に使用しました（写真1-3）。

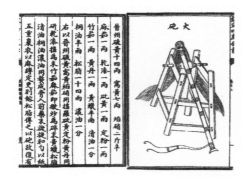

写真1-3 中国が発明した火薬

宋代の1040年に編纂された『武経総要』には火薬の作り方や大砲による使用法が書かれている。硝石を火薬の原料にする発明は中国が世界最初であり、これにより火薬の破壊力が飛躍的に大きくなった。
出所：周嘉華・趙匡華（2003）『中国化学史古代巻』広西教育出版社, p.556。

　ケンブリッジの偉大な科学者ジョゼフ・ニーダムによると，ヨーロッパでは硝石が産出されずその存在が知られていませんでした。中国で発見された硝石をヨーロッパに伝えたのはアラビア人で12世紀のことです。18世紀にイギリスがインドで硝石を採掘するまでは，ヨーロッパでは火薬はあまり使用されませんでした。

　では，なぜ中国では近代科学が発展しなかったか。この疑問に答えることは容易ではありません。科学技術史の研究者によると，文明のタイプからして中国とローマはよく比較されるといいます。中国もローマも実用性を重んじたという点で共通します。ローマ人は実用的な計算を重視し，ローマでは数学理論が発達しませんでした。

　他方，ギリシャでは数学理論が発達しました。天動説を基礎とする理論天文学が興り近代科学への道を開きました。仮説を立て実験や観測によって当否を検討する科学的な方法が確立したのです。コペルニクスの地動説は，こうしたギリシャの手法を受け継いで新しい宇宙観の確立に成功したばかりでなく，近代科学の出発点になったといわれてます。そのかわり，ギリシャでは実用的な計算は奴隷の仕事として軽蔑されました。

　中国は実用を重視する点でローマと類似しています。中国の数学や天文学は論証性を欠き理論の裏付けが乏しかったといわれます。中国がアヘン戦争で外圧に直面するまで近代化への道を歩めなかったのは，ローマ帝国の下ではヨーロッパの近代化が生まれなかったように，このような文明のタイプに起因すると思われます。しかし，同時に，しばしば指摘される科挙の弊害をあげておく必要があります。

三国時代から南北朝にかけて生まれた官吏登用制度は，隋を経て，唐代に科挙の制度として完成しました。数々の科目で試験をして登用することからこの呼び名が生まれました。科目の中で最も重視されたのは儒学で，自然科学を軽視しました。長年の儒学偏重の結果，学問研究は古典の精確な解釈を目指して，「学問のための学問」になりました。

　ようやく科挙の弊害を自覚した清朝が，科挙の制度を廃止したのは1905年です。しかし，清朝はこの6年後に滅亡します。中国における近代工業の発展は中華民国にバトンタッチされ，それは化学工業でも同様でした。それを次章でみます。

第2章
中 華 民 国

1. 中華民国の工業化

　中国研究においては，1949年の人民共和国成立以前と以後で，大きな断絶が
あります。つい最近まで，中華人民共和国の研究と中華民国の研究の間には交流
がほとんどなく，両者はいわば断絶の状態にありました。しかし，近年は，中国
経済を清朝末期，民国期，人民共和国を通した大きな流れの中での分析する動き
が強まっています。

　現在の中国を支配する共産党は，1949年以前は「半植民地半封建」論[1]の下
にあったとして，長年その全てを否定してきました。中国研究における1949年
を境にした断絶はその影響を受けたものです。しかし，近年は大陸における国民
政府時代の経済研究も実質的に解禁されていて，中国人研究者による研究成果の
発表が活発になりつつあります。

　最初に，中華民国の工業化を概観します。中国経済の工業化を計数化で把握し
たのは冷戦期アメリカの中国研究です。中国系アメリカ人研究者John K. Chang
が諸々の前提をおいて計算した論文を1969年に発表しました。表2-1はその引
用で1949年に共産党政権が誕生する前の工業生産推移です。

　表2-1によると，中華民国誕生の1912年から日中戦争前年の1936年まで工
業生産は一貫して増加し，1937年以後は日中戦争と内戦で数字が大きく変動し
ます。1912年から1936年まで25年間の工業生産は10.3倍です。年率に換算
すると10%に近い高度成長です。中華民国の経済発展は評価すべきであること
を示す数字です。

　表2-2は中国経済統計研究所の工業調査報告による1933年中国工業生産額の
部門シェアです。工業生産の51%が紡織で，軽工業のシェアは64%です。重化
学工業のシェアは36%で，最大の石炭が17%，化学は6.2%のシェアです。

　中華民国の経済発展は，「半植民地半封建」論により否定的に捉えられてきま

第2章　中華民国　　31

表2-1　1933年を基準とした中国の工業生産推移

年	指数	年	指数	年	指数	年	指数
1912	11.9	1922	34.7	1932	91.6	1942	115.7
1913	15.6	1923	41.6	*1933*	*100.0*	1943	105.6
1914	20.1	1924	46.9	1934	103.6	1944	91.8
1915	22.5	1925	55.7	1935	109.7	1945	62.0
1916	24.0	1926	59.0	1936	122.0	1946	90.7
1917	26.9	1927	66.6	1937	96.0	1947	115.1
1918	27.8	1928	72.1	1938	76.2	1948	96.7
1919	34.1	1929	76.9	1939	88.2	1949	105.6
1920	40.2	1930	81.6	1940	94.1		
1921	42.4	1931	88.1	1941	109.2		

注：指数は1933年を100とした各年のGross value of output。
出所：John K. Chang(1969)，*Industrial Development in Pre-Communist China*，Aldine
　　　Publishing Company，pp.60-61。

表2-2　1933年中国工業生産額部門別シェア

(単位：%)

重化学	石炭	17.0
	電力	2.9
	鉄鋼	0.2
	金属加工	6.5
	化学	6.2
	建築材料	3.2
	小計	**36.0**
軽工業	紡織	51.0
	食品	6.7
	その他	6.3
	小計	**64.0**
合　計		100.0

出所：厳中平ほか編（1955）『中国近代経済史統計 資料
　　　選輯』科学出版社，p.105。

したが，近年は公開された資料が増え，「半植民地半封建」論を乗り越えた研究成果がいくつも発表されています。本章では，それをソーダ工業およびアンモニア・硫安工業でみます。

2．孫文の経済建設

　孫文は不思議な人物です。国民党のみならず共産党も国民党創設者の孫文を高く評価します。日本に多くの友人を持ち，広く愛されました（写真2-1）。孫文に協力した日本人としては宮崎4兄弟や頭山満や山田兄弟などが有名ですが，最近の中国は，莫大な革命資金を提供しながら知られていない梅屋庄吉の子孫との交流を活発にしています[2]。

写真2-1　東京で開かれた日華同志懇親会
中国革命を支援する日本と中国のメンバーが1914年3月3日に東京日比谷の松本楼に集まった。最後列中央が孫文，その手前が梅屋庄吉。
出所：小坂文乃氏提供。

　今では栄光に満ちた孫文ですが，存命中は茨の道を歩みました。1895年の最初の武装蜂起以来，10回の軍事行動は全て失敗です。その度に貴重な仲間を失い，革命の同志から「失敗の英雄」と言われました。日本に多くの支援者がいましたが，損得計算で接近する者や資金を提供する者も少なくありません。しかし，孫文の言動は人々の共感を得ます。日本人や東南アジア華僑のみならず，欧米諸国からも幅広い支援を受けました。

第2章　中華民国　33

　1911年清朝は滅亡し，孫文が中華民国の臨時大総統に選ばれます。しかし，長く海外で過ごした孫文は全土を統一する軍事力がありません。西太后の信任を得た清朝の大臣ながら革命に協力した袁世凱に，共和制の採用を条件に，孫文は大総統の地位を譲りました。しかし，大総統になった袁世凱は独裁権力を強化し孫文と対立しました。

　一方，孫文は故郷に戻り広州に広東政府を作ります。孫文は袁世凱を初めとする軍閥への反対運動をおこし，北洋軍閥が支配する北京政府と対立しました。広東省を実験場として三民主義のモデルを構築し，これを全国に及ぼそうとしました。

　初代大総統に選ばれた孫文がすぐにその地位を袁世凱に譲り，自らは故郷に戻って反軍閥の動きしたというのは，日本人には理解しがたい話です。辛亥革命は明治維新とは大きく異なっていました。明治維新は文字通りの革命でしたが，辛亥革命はそうではありません。初期の中華民国は国民党と軍閥と共産党の混合部隊でした。国民党と共産党は社会の変革を目指しましたが，軍閥はそうではありません。

　軍閥は熟練した軍人ですが全中国を統一する国軍を形成する統合力はありません。私的な軍隊を組織して地方支配を進め，一時的な同盟を結んだり解消したりして権力基盤を強めていました。孫文は軍事力のない限界を自覚して中央政界を去り，広東省で三民主義のモデルを作りあげ，それを全国に及ぼそうとしたのです。孫文は1924年広州に黄埔軍官学校を設立し，蒋介石を校長にして人材養成を図りました。

　同時に，孫文はソ連の支援を受け，国内では共産党員を国民党に入党させて，共産党との共闘体制を作りました。いわゆる「連ソ容共」で第1次国共合作です。毛沢東も周恩来も共産党員ながら国民党に入党しました。孫文の民生主義は工業化で近代化を実現し，各分野に「実業」（商工業）を育成して国利民福を図ろうとしました。

　その第一歩が交通運輸施設の建設です。「交通は実業の母」として鉄道が特に重視されました。孫文は鉄道建設を中国経済近代化の最重要課題とし，10年での計画達成を目論みました。鉄道の次に農業と鉱業を重視しました。工業は実績が殆どありません。工業化に取り組んだのは孫文の後継者となった蒋介石です。

3．蒋介石の経済建設

　国民党の権力構造は複雑でした。蒋介石以外に汪精衛をはじめとする有力党員がいたし，共産党員やソ連の顧問団がいたからです。蒋介石が権力を得るのは北伐の過程です。かねて北伐を主張していた蒋介石は，共産党やソ連顧問団を含む国民党首脳の了承を得て，1927年7月北伐を開始しました。北伐軍は，湖南省長沙，湖北省武漢，江西省南昌，南京，上海を次々に傘下に収め，予想以上の戦果をあげて北上しました。

　国民党内部では，北伐の予想以上の成功で蒋介石の権力増大を警戒する声が強まります。これに対し蒋介石は反対者を軍事力で抑えこんで国民党の支配者になりました。北伐は1928年にひとまず完成し，蒋介石は南京に国民政府を樹立しました。

写真2-2 『十年来之中国経済建設』

南京を首都とした国民党の中央政府は，地方政府と協力して，10年間（1927-1936）の国民政府の経済建設の成果を，『十年来之中国経済建設』として対外公表した。
出所：中央党部国民経済計画委員会（1937）『十年来之中国経済建設』南京扶輪日報社，表紙。

　『十年来之中国経済建設』（写真2-2）は，蒋介石が国民党の指導者となった1927年から1936年までの10年間の経済建設の概要を，南京国民政府[3]がまとめたものです。地理的にカバーしているのは3特別市（南京，上海，広州）および19省（江蘇省，浙江省，安徽省，江西省，湖北省，湖南省，広東省，福建省，貴州省，河北省，山東省，河南省，山西省，陝西省，甘粛省，察哈爾省，綏遠省，寧夏省，青海省）です。

　現在と比べると広西，雲南，チベット，新疆，四川，海南島，東北地方，北京，天津が入っていませんが，念願の全国統一がまがりなりにも実現しました。とこ

ろが，蒋介石は共産党との連携策は取りませんでした。蒋介石は反共思想の下に一貫して共産党を弾圧し，孫文の作った国共合作は崩壊しました。以後，国共対立が激化します。

　共産党は蒋介石の反共思想と共産党弾圧のため国民政府を低く評価します。しかし，近年，日本のみならず中国でも，国民政府の経済政策を評価する研究成果が発表されています。今日評価されるのは関税自主権の実施や中央銀行の設立などです。また，厘金という国内流通税の廃止も近代工業発展に不可欠の改革でした。

　『十年来之中国経済建設』によると，経済建設のトップは鉄道，次いで農業，鉱業，その次が工業です。工業では鉄鋼，電力，化学に多くのスペースを割いていますが，鉄鋼生産はごく少量で，電力も上海を初め南京・武漢・広州・天津など大都市のごく一部の地域需要をカバーするのみでした。

　表2-2で1933年の石炭を除く重化学シェアは19％です。このうち鉄鋼はわずか0.2％，電力も2.9％にすぎません。それに対し，化学は6.2％を占め重化学工業部門の3割強をしめました。この時期，工業で最も実績をあげたのが化学でした。

4．民族資本の発展

　ここで中華民国における化学工業の発展状況をみます。黎明期の中国では国内の化学工業品需要の多くは輸入によってまかなわれていました。その象徴的存在はイギリスのブラナーモンド（後のICI）の中国法人で，1900年に設立され，ソーダ・染料・肥料・農薬などの化学製品を販売して，中国市場を席巻していました。

　第1次世界大戦でヨーロッパ工業製品の供給が途絶えます。すると，中国で数多くの民族工業が生まれました。1915年上海に塗料工場が建設され，1919年青島，上海，天津で染料，1920年代半ば上海でセルロイド，1921年上海で原料フェノールやホルマリン輸入によるフェノール樹脂，1922年上海で石鹸生産が始まりました。

　この時期最も発達した工業は綿紡織です。表2-2でみると工業の半分以上が紡織でした。繊維工業が発達したイギリスでソーダ工業が始まったように，繊維工業はソーダ需要を増加させます。繊維と共に増加する染料生産もソーダが必要です。ガラスや石鹸もソーダが不可欠です。こうして，ソーダの国産化が検討されるようになりました。

36　第1部　戦前

　当時の世界のソーダ市場に君臨したのはイギリスのブラナーモンドとドイツの IG です。特にブラナーモンドは世界中に販売網を整備しソーダ市場を独占しました。中国でも現地法人の本社を上海におき，厦門，広東，芝罘，重慶，福州，漢口，香港，汕頭，天津，青島，済南などに支店網を整備して，中国市場で大きな勢力を持ちました。

　このようなブラナーモンドの独占に歯向かい，ソルベー法による国産化を計画したのが天津の民族資本家范旭東です。范旭東は日本に留学して京都大学で応用化学を学び，1912 年に帰国した後は中華民国政府の財務部に職を得ました。1913 年には中華民国政府がヨーロッパに派遣したミッションではメンバーとして参加します。

　范旭東はこのヨーロッパ訪問で製塩業に関心を深め，帰国後に久大精塩を設立して製塩業に進出しました。製塩業進出は大成功で，それにより資本蓄積をした范旭東が次の事業として選んだのが，塩の誘導品としてのソルベー法によるソーダ灰事業でした。

　范旭東は，技術として旧式のルブラン法ではなく，新しいソルベー法を選択しました。その大きな理由は中国の原料問題です。ルブラン法は技術的にやさしいのですが、大量の硫酸を必要とします。硫酸資源が十分でないため困難なソルベー法に挑戦したのです。

　范旭東はソーダ灰企業化のため永利製鹼股人分有限公司を天津に設立しますが，ソルベーの技術情報が得られないのでアメリカで設計を始め，1920 年に天津で建設開始しました。さらに，1921 年，当時アメリカ留学中の侯徳榜を説得して帰国させて戦列に加え，かつ，アメリカ人専門技術者を招聘して工場建設に万全の態勢をしきました。

　新工場は 1922 年に完成し試運転に入りますが，生産された製品は満足できるものではありません。ここで活躍したのがアメリカから帰国した侯徳榜です。侯徳榜を中心とする技術陣の奮闘で問題は解決し，ソルベー法が 1926 年完成しました。この年，米国フィラデルフィア万博で永利のソーダ灰は金賞を得ます。

　この時期に中国がソーダ工場を独力で建設し，品質問題を解決してソーダ灰生産を始めたのは，中華民国の技術が相当なレベルにあったことを物語ります。日本はどうであったか。日本でソルベー法に挑戦したのは旭硝子です。旭硝子のソルベー法工場建設は 1916 年で翌 1917 年に運転を開始した，と社史にあります。

　しかし，ソルベー法は技術が難しく，工場建設にも運転にも高度の技術が必要

です。技術を独占するブラナーモンドは情報を公開せず，加えて，日本市場にダンピング攻勢をかけました。日本が官民挙げた対策で品質問題を解決するのは1929年です。ソルベー法ソーダ生産体制の確立は，中国が日本より3年早かったことになります。

この間，永利は品質問題を解決できない日本に輸出をして市場でブラナーモンドと争います。ブラナーモンドが合併でICIとなると，新生ICIは永利と協議して日本市場での販売戦争を終らせ，ICIが日本での永利の販売を受託しました。これはICIが永利の力を認めたからです。中国のソーダ工業は世界のトップ水準に近かったことになります。

既にみたように，中華民国25年間の工業生産は年平均10%近い高成長でした。工業化で化学製品需要は増加し，それは化学工業の母といわれるソーダ需要を増加させ，その需要に応えた民族資本家が世界水準のソーダ工業を誕生させたのです。このような中華民国での工業の存在を「半植民地半封建」論の下で否定するのは難しいことです。

5. 世界が評価した化学者侯徳榜

侯徳榜は1890年福建省の裕福な農家に生まれました。1911年北京清華留米予備学堂が設立されると，第一期生として入学しました。北京清華留米予備学堂はアメリカが義和団事件賠償金を拠出して設立した米国留学予備校で，教育機関として中華民国に継承されて多くの卒業生がアメリカで業績をあげています。これが現在の中国で最も高い評価を得ている清華大学の前身です。習近平や前任の胡錦涛の母校でもあります。

侯徳榜の伝記によると，成績抜群の侯徳榜は問題なく第1回目米国留学生16名の中に入り，1913年訪米してMITで化学工学を学びました。MITを優秀な成績で卒業した後は，アメリカのセメント・硫酸・染料・コークス工場で生産の実務を学びました。その後，1921年にコロンビア大学で博士号を取得しました。

侯徳榜の令名を耳にした范旭東は，諸々のルートで在米中の侯徳榜にアプローチをし，ソルベー法によるソーダ灰国産化への協力要請をししました。侯徳榜はこれに応えて，1921年博士号を取得した時点で帰国を決意しました。以後，范旭東と侯徳榜のコンビの下で，ソルベー法の企業化，アンモニア・硫安工場の企業

化，侯氏ソーダ法（いわゆる塩安ソーダ法）の開発等々の偉業を成し遂げるのです（写真2-3）。

写真2-3　侯徳榜と范旭東
中華民国期を代表する民族資本家の范旭東はアメリカ留学中の侯徳榜に帰国を要請。侯徳榜はこれに応えて帰国し，范旭東のソーダ事業や肥料事業を技術面で支えた。写真は1930年代に重慶で撮影されたもので右が侯徳榜，左が范旭東。
出所：李祉川・陳散文（2001）『侯徳榜』南開大学出版社，巻頭写真。

侯徳榜は，1881年設立で世界的な権威を持つ英国化工学会（Institution of Chemical Engineers）の名誉会員になりました。これが1943年のことです。侯徳榜に対する名誉会員授与の式典は，ニューヨークの名門ホテルであるウォルドルフ・アストリアにおいて，英国皇帝ジョージ6世の特使を迎えて開催されたそうです。

6．窒素肥料工場建設と日本軍による接収

一般的に，一国経済が経済成長をとげると，経済の重心は農業から工業へ，やがてサービス産業へと移動します。これを経済学ではペティ・クラークの法則といいます。化学工業は一国経済が必要とする中間体を供給するので，農業中心の経済では肥料のウェイトが大きくなり，経済成長で農業のウェイトが低下すると肥料のウェイトは小さくなります。化学工業で肥料のウェイト低下はペティ・クラークの法則からくる必然です。

第2章　中華民国　39

　肥料は大別すると窒素・燐・カリ肥料に分かれます。カリ肥料は天然品を採掘するだけで工業より鉱業に近いといえましょう。燐酸肥料は基本的に燐鉱石と硫酸を反応させるだけです。化学工業として技術的な深みがあり、誘導品の裾野が広くて最も重要なのはアンモニアを出発原料とする窒素肥料です。

　経済社会が発達すると新規化学物質への需要が生まれます。第1次世界大戦前，火薬原料硝酸に供給不安がありました。当時の硝酸生産は原料が硝石で，資源欠乏が心配されました。これを解決したのが新興ドイツです。ハーバーとボッシュが空気中の窒素を原料にアンモニア合成に成功しました。これにより硝酸の供給不安が解消されました。

　ドイツのカイゼルは自国の合成アンモニアによる硝酸製造の成功をみて第1次世界大戦開始を決意した、と言われる所以です。また，アンモニアが工業生産で安価に生産されると，アンモニアが窒素肥料原料として広く利用されました。これによりアンモニアの重要性は一段と増しました。

　アンモニア合成は危険な高温高圧下で触媒を使った化学反応です。工場は計測器で操作され装置産業の典型であり，当時の最先端技術でした。アンモニア合成は、第1次世界大戦前，ドイツ以外にイギリス，アメリカ，フランス等も研究開発しました。しかし，各国いずれも成功をみませんでした。

　戦後，ドイツが開発したアンモニア技術は賠償の一部として戦勝国に手に渡ります。各国はこれにより技術開発に走り、フランス、イタリア、アメリカ、日本が成功しました。ソ連では独自の技術は開発されていません。ソ連はイタリア技術を導入し1928年最初のアンモニア工場を建設しました。

　1920年代から30年代にかけて日本の化学工業は大きく発展しました。多くの化学企業がアンモニア生産に進出し、日本のアンモニア生産は飛躍的に増加しました。1935年における日本の能力はドイツに次ぐ世界第2位のアンモニア生産国です（表2-3）。ソ連のみならずアメリカやフランスやイギリスをも上回りました。

表2-3　1935年世界主要国アンモニア生産能力　　　　　　　（単位：1,000トン／年）

ドイツ	日本	アメリカ	フランス	ベルギー	イギリス	イタリア	ソ連
1,015	326	244	225	199	146	109	107

注：日本の数字は「日本」と「満洲国」の合計。
出所：窒素協議会（1936）『世界窒素固定工場表』，p.2。

さて，中国です。中国は古くから農耕文明が発達した国です。早い時期より肥料を使用していました。古代殷墟の甲骨文に人や家畜の排泄物を肥料として使用していたと書かれており，中国は今から3000年以上前に肥料を使用していたことがわかります。

やがて，人や家畜の排泄物に加えて，堆肥や草木灰や河泥等が肥料として使用されました。明代にはうまごやし・れんげ等の緑肥，大豆・ゴマ・綿実・桐実等の絞り粕が肥料として利用されるようになりました。この中で肥料として定着するのは大豆粕で，この大豆粕に取って代わったのが化学肥料でした。

中国の化学肥料の使用の初めは清朝末の1909年で以後輸入が少しずつ増加します。硫安以外に過燐酸石灰がわずかながら輸入されますが，輸入肥料の90％は硫安でした。硫安輸入量は1920年代後半から急増し国産化の動きとなりました。硫安輸入量は1930年代に減少したものの，なお年間10万トン以上が輸入され，国産化の動きになりました。

工業政策を担当する実業部が国産化を準備し始めたのは1930年頃です。それは世界の肥料市場を支配していた国際カルテルの知るところとなり，国際カルテルを代表するイギリスICI，ドイツIGから共同事業が提案されました。実業部はこれに応じてイギリス・ドイツと共同事業の仮契約がなされました。

しかし，外資の出資があると企業経営上の制約を受けます。原料アンモニア生産は当然に爆薬原料の硝酸生産を伴います。そのため国防的見地から実業部は共同事業構想を破棄しました。ここで范旭東がアンモニア・硫安国産化に名乗り上げます。范旭東はソルベー法ソーダの原料でもあるアンモニアの事業化に興味を持ったのです。

ソルベー法国産化成功で范旭東は侯徳榜を一段と信頼します。侯徳榜は渡米してNEC（Nitrogen Engineering Corporation）のアンモニア技術を選択しました。アンモニア技術はドイツが第1次世界大戦前に開発したものですが，戦勝国は戦後賠償で基本特許を取りあげて各国が技術開発しました。そのためソーダのような技術独占がなく，侯徳榜は必要技術を自由に選択できたのは幸いでした。

アンモニア合成は，それまでの化学物質と異なり，高温高圧の下での化学反応で，技術的には格段に難しいものです。侯徳榜をリーダーとする永利の技術陣はこれを克服し，アンモニア3.3万トン，硫安5万トン，小規模の硝酸設備をも持つ工場が南京に建設され，1937年2月より営業運転に入りました。

世界第2位生産国日本のアンモニア生産開始は1923年です。中国は日本に14

年の遅れで，他の主要国と比べても9-18年の遅れです。建設はアメリカのエンジニアリング会社の支援がありますが，基本的に中国主体で建設され生産を始めました。このような肥料工業の存在を「半植民地半封建」論で否定するのは，ソーダ工業同様に困難です。

　しかしながら，この年8月に日中戦争が始まります。営業運転を開始したばかりの硫安工場は華東に侵入した日本軍に接収されました。工場接収した日本軍はその経営を三井グループに委託しました。要請を受けた三井グループは東洋高圧と三井物産が専門家を派遣して現地調査をしました。その結果，硫安工場は最新技術によるもので，空爆の破損はあるものの心臓部のアンモニア関連は被害を受けていないことがわかりました。

　三井グループは現地調査を基に経営受託を決定します。南京に親日政府が誕生したので，合弁の永礼化学工業株式会社に改組して経営しました（東洋高圧40％，三井合名20％，中国政府実業部40％）。社長は中国側ですが，専務を派遣して実質的な経営にあたった東洋高圧は1938年4月より復旧作業に入り10月より営業運転に入りました。本社は三井物産上海支店内におかれ，販売は三井物産が担当し一部は日本でも販売されました。

　軍当局から火薬・爆弾原料の硝酸増産を要請された東洋高圧は，南京工場内で未使用の遊休硝酸設備を東洋高圧大牟田工場に移設しました。敗戦後この硝酸設備は返還要請を受け，中国を代表して侯徳榜が来日しました。当時の日本はGHQ[4] の管轄下にあり侯徳榜の交渉相手はGHQでした。侯徳榜は大牟田に2度足を運び，GHQ最高司令官であるマッカーサーを訪問して任務を全うしました。硝酸設備は1948年4月南京に変換されました。

7．北范南呉

　この時期，化学事業を伸ばした民族資本家がもう一人います。上海を拠点にした呉蘊初です。この2人は北范南呉と呼ばれます。范旭東の出発点は塩業で，塩の消化策としてソーダを手がけ，さらに原料アンモニア・硫酸・硫安・硝酸と事業を広げました。呉蘊初はグルタミン酸ソーダが出発点です。呉蘊初は日本のグルタミンソーダ製品味の素に興味を持ち，上海天厨味精廠を設立して1923年「味精」の名で企業化しました。後に香港でもグルタミン酸ソーダ生産を始めます。

「味精」で成功した呉蘊初は，天原化工廠を設立してグルタミン酸ソーダの主原料塩酸生産を塩の電解により始めました。電解設備から発生する副生水素を利用し，小規模アンモニア中間試験設備をアメリカのデュポン社から廉価で購入してアンモニア生産を始め，さらに，このアンモニアで硝酸の生産を開始しました。

呉蘊初の事業で気になるのは元祖日本の味の素社との関係です。味の素社は当然に模造品の登場に敏感でした。味の素社は呉蘊初の「味精」をどう評価していたか。社史によると，味の素社は1914年中国で味の素のマーケッティングを開始し，1918年上海出張所を設置しています。呉蘊初が味の素社の製品に出会ったのはこの時期と思われます。

味の素社は，その19年後の1937年に天津と旧満州国奉天で本格的現地生産に入ります。言うまでもなく，味の素社は国内外に特許を申請し，類似品による特許の侵害行為に警戒体制を取っていました。社史は偽造品のひとつとして「味精」をあげています。しかし，これは日本で生産された製品で中国産ではないと書かれています。

社史が呉蘊初の「味精」を特許侵害としていないのは注目すべきです。この時期，日本窒素（現旭化成）が「旭味」の名前でグルタミン酸ソーダの製造販売に乗り出しており，社史の記述では「旭味」をコンペティターとしています。呉蘊初の「味精」に関する社史の記述はこの「旭味」に近いものです。

社史の表現から推論からすると，呉蘊初の「味精」は味の素社の特許の制約をクリアーしていたと思われます。また，日中戦争中，日本陸軍は上海の天厨味精廠を接収して味の素社にその経営を委託しましたが，経営を受託した味の素社は，天厨味精廠の設備をそのまま利用して製品味の素を生産し，在留邦人に供給しています。これは呉蘊初の「味精」が日本産の味の素とほぼ同等の品質を持っていたことを示唆しています。

第3章
満 洲 国

1．満洲について

　明治の対外膨張には熱気がありました。しかし，初期は，日本の対外領土の関心は朝鮮半島まででした。中国に関心を持ったきっかけは満洲です。日露戦争の勝利でロシアの満洲権益を得た日本は，自然と天然資源に富む満洲に魅せられました。1910年日韓併合で朝鮮半島を完全支配下におくと，その先にある中国に領土的野心を持ったのです。

　日本が中国に領土的関心を持ったきっかけの満洲とはいかなる地か。最初にこれを考えましょう。満洲は中国の歴代王朝からみると辺境の地です。高句麗が満洲と朝鮮半島で強大さを誇った程度でした。満洲が歴史の表舞台に登場するのは清朝誕生後です。他方，列強で最初に満洲に関心を抱いたのはロシアです。満洲はロシアの視角が欠かせません。

　ロシアのシベリア進出は16世紀からです。17世紀半ば北太平洋岸に達しますが，シベリアはロシアにとってまだ辺境の地でした。しかし，ピョートル1世の下で工業化が進んで造船や大砲生産で実績をあげると，海洋への関心が高まります。そして，極東は海洋国家ロシアの東方前哨基地となりました。

　やがて，ロシアの関心は北太平洋から南に向い，アムール川北部やウスリー川東部（沿海州南部）で清朝と何度も衝突しました。康熙帝の時代に黒龍江支流で武力衝突しロシアは大敗します。その結果，ロシアは外興安嶺を国境としてこの地から退却しました。その結果結ばれたのが1689年のネルチンスク条約です。

　しかし，清朝が弱体化すると，再びこの地に関心を持ちました。極東ロシアの領土拡大は，1847年東シベリア総督ムラヴィヨフの下で実現しました。ムラヴィヨフはアムール川流域を入念に探索し，清朝に諸々の圧力をかけ，1858年には愛軍条約，1860年には北京条約を締結して，アムール川以北とウスリー川以東をロシア領に編入しました。

44　第1部　戦前

　19世紀後半，ロシアの極東戦略は北太平洋から満洲を含む東アジアへ変化します。アメリカにアラスカを売却し，日本と樺太千島交換条約を結んだのはその現れです。そして，極東の主港をオホーツク海のニコライエフスクからウラジオストックに変更しました。これは北京条約で獲得したウスリー川東部の防衛のためでもありました。

　工業化が進んだロシアは19世紀後半鉄道を拡張します。ポーツマス交渉でロシア首席全権だったウィッテは鉄道行政で頭角を現した人物で，ウィッテが推進したウラジオストックに至るシベリア鉄道建設が1891年始まりました。鉄道は満洲北部を通過し，その拠点ハルビンがロシア人都市として建設され，1902年シベリア鉄道が開通しました。

　次いで，ロシアはハルビンから大連に至る鉄道建設に踏み切ります。日本はロシアの勢いが満洲から朝鮮半島に及ぼうとしていることに危機感を持ちました。朝鮮半島は明治期日本にとって譲れぬ防衛線でした。ロシアが義和団事件後に満洲に軍隊に駐留させると，日本は強く抗議して日露戦争となったのです。

2．満洲経営先兵としての満鉄

　牧畜の地満洲に農業を広めたのは山東省や朝鮮半島から移住した農民です。満洲に移った農民が最初に興した工業は高粱を原料にした醸造業です。また，製粉業も盛んでした。やがて大豆栽培が広まり，日清戦争後日本向け豆粕需要が急増し，製油業が発達しました。農民が使う綿製品の手織の木綿の満洲での生産はわずかでした。

　初期の満洲工業では最大部門は食品で大豆が特に重要でした。大豆油を抽出した後の大豆粕は日本農民が肥料として好み，日清戦争以降，満洲の大豆生産が急上昇します。満洲の大豆粕は日本・中国本土，大豆油は中国本土・日本・アメリカに輸出されました。大豆関連を主とする軽工業には日本の企業が数多く進出しました。

　植民地支配では土地・金融と並んで鉄道が重要です。日本の初期満洲経営の先兵が満鉄です。1905年ポーツマス条約でロシア権益を引き継ぐと，翌年，日本は満洲経営員会を設けて参謀総長として旅順攻略を成功に導いた児玉源太郎を委員長に選任し，児玉は満鉄の初代総裁に後藤新平を選びました。

満鉄は自由闊達で個性的な社風を持つ組織でした。その社風形成は後藤新平によるところ大です。後藤は台湾総督児玉の下で実績をあげ，児玉は後藤の台湾統治実績を評価しました。イギリスの東インド会社をモデルとする満鉄設立構想が，児玉と後藤により生まれたのです。満鉄は単なる鉄道会社ではなく初期満洲経営の先兵でした（写真3-1）。

写真3-1　満鉄本社ビル
満洲の大動脈となった満鉄本社ビル全景。ハルビン－大連の満鉄沿線には支線が毛細血管のように四方に張り巡らされ，それまでの河と馬を中心とした満洲経済を大きく変えた。
出所：南満州鉄道株式会社（1928）『南満州鉄道株式会社第二次十年史』，巻頭写真。

満洲進出した企業の社史を読むと，初期は各社それぞれの経営判断に基づく投資でした。勝手のわからない満洲でコンサルタントとして，事業のパートナーとして，活躍したのが満鉄でした。しかし，満洲国成立後は関東軍[5]が満洲国の実権を握り，軍事・政治のみならず経済・社会・文化など広範囲に関東軍が満洲国を動かすようになります。

関東軍の誕生は1919年です。関東軍の任務は長春・旅順間鉄道の守備でした。しかし，現実は鉄道守備隊にとどまらず，満洲権益を軍事力によって保護する役割を次第に負うようになりました。当時の日本は革命後再び極東に関心を持ったソ連を恐れ，関東軍が対ソ戦略の主体となりましたが，これが関東軍の力を増大させたのです。

46 第1部 戦前

表3-1 化学企業の満洲進出

現地会社名	出資会社	製品	立地	完工	進出要請先
日清豆粕製造	日清製油	大豆油・油粕	大連	1908	
満洲豊年製油	豊年製油	大豆油	大連	1915	
大連油脂	日本油脂	硬化油	大連	1916	
（不明）	電気化学／満鉄	カーバイド	撫順	1916	満鉄
南満洲硝子	満鉄	空洞ガラス	大連	1917	
大和染料	与田銀染料部	硫化染料	大連	1918	関東庁
満洲ペイント	日清製油他	塗料	大連	1919	
満洲石鹸	日清製油	石鹸	大連	1919	
昌光硝子	旭硝子	板ガラス	大連	1925	
昭和工業	味の素	化学調味料	大連	1929	
満洲三共	三共	醤油・合成清酒	大連	1929	
満鉄オイルシェール工場	満鉄	オイルシェール	撫順	1930	
満洲日本ペイント	日本ペイント	塗料	奉天	1933	
満洲石油	満洲国政府	石油製品	大連	1934	
満洲化学	満鉄／全購連	硫安	大連	1935	
満洲大豆工業	日本油脂	大豆油・油粕	大連	1935	
満鉄石炭液化工場	満鉄	人造石油	撫順	1936	
満洲軽金属	（A1）	アルミ	撫順	1936	
満洲曹達	満鉄／旭硝子	ソーダ灰	大連	1937	関東庁
満洲マグネシウム	満鉄	マグネシウム	営口	1938	
満洲関西ペイント	関西ペイント	塗料	奉天	1938	
奉天油脂	日本油脂	硬化油	奉天	1938	
満洲ライオン歯磨	ライオン歯磨	歯磨	奉天	1939	
東洋タイヤ	東洋紡／横浜護謨	タイヤ	奉天	1939	陸軍
満洲油化	満洲国政府	人造石油	四平街	1940	
満洲花王	花王石鹸	石鹸他	奉天	1940	満洲国政府
亜細亜護謨	ブリヂストンタイヤ	タイヤ	遼陽	1940	
日満林産化学	日本ペイント	松脂	亮河	1941	
満洲農産化学	味の素	化学調味料	奉天	1941	
熱河蛍石鉱業	住友グループ／隆化鉱業	アルミ原料蛍石	隆化	1941	
東洋人繊	東洋紡	レーヨン	安東	1941	満洲国政府
満洲三共	三共	農医薬	撫順	1942	
吉林人造石油	日本窒素	人造石油	吉林	1942	軍部
満洲電気化学	（A2）	（B1）	吉林	〈1943〉	（C1）
満洲炭素	（A3）	電極	安東	1944	満洲国政府
満洲合成ゴム	（A4）	合成ゴム	吉林	1944	満洲国政府
南満化成	日本化成／満洲重工業他	（B2）	鞍山	1944	
満洲炭素	（A5）	電極	安東	1944	満洲国政府
満洲石炭液化研究所	満洲国政府／神戸製鋼	人造石油	奉天	1944	満洲国政府
満洲豊年製油	豊年製油	（B4）	錦州	1945	軍部
大陸化学	三井化学／満洲重工業	フェノール	錦州	1945	
大陸化学	三井化学／満洲重工業	ピッチコークス	本渓湖	1945	
満洲合成燃料	三井グループ／満鉄他	人造石油	錦州	1945	軍部
三菱関州マグネジウム	日本化成	マグネシウム	石河	1945	関東庁
満洲電極	東海電極	電極	湯崗子	未完成	関東軍
満洲大豆化学	日本化成／満洲国政府	（B3）	安東／大連	未完成	満洲国政府
満洲合成工業	（A6）	アセテート繊維	吉林	未完成	

（A1）：満鉄／満洲国政府／住友化学／昭和電工／日本曹達／日満アルミ。
（A2）：日本化成／電気化学／大日本セルロイド／満洲重工業。
（A3）：日本カーボン／昭和電極／満洲軽金属／満洲電気化学。
（A4）：ブリヂストンタイヤ／満洲電気化学。
（A5）：日本カーボン／昭和電極／満洲軽金属／満洲電気化学。
（A6）：大日本セルロイド／満洲電気化学。
（B1）：カーバイド／コークス／石灰窒素／合成ゴム／酢酸／ブタノール。
（B2）：フェノール／ピッチコークス。
（B3）：大豆蛋白繊維／アミノ酸他。
（B4）：大豆油／航空機潤滑油。
（C1）：関東軍／満洲国政府。

出所：各社社史ほか。

3．日本企業の満洲進出

　表3-1は社史を中心に進出状況を纏めたものです。殆ど全ての有力化学企業が満洲に投資をしています。初期の投資では，大豆関連も重要ですが，日本が国家を挙げて支援したオイルシェール，肥料，ソーダ，アルミ，撫順化学工業所が特別に重要です。

①オイルシェール（油母頁岩）
　近年は海外のオイルシェールが話題になります。戦前，日本も満鉄技術陣がオイルシェール開発に取組みました。それは撫順炭鉱の表面がオイルシェールに覆われ，採炭にはオイルシェール採掘が必要だったからです。第1次世界大戦で石油の重要性が認識されると，満鉄はオイルシェールの活用に本格的に取組みました。

　オイルシェールの乾留で石油を生産する技術が開発されて1930年生産開始します。オイルシェール価格がゼロ評価されたので経済性が高くなりました。初期は海軍用重油を生産し，1936年アメリカUOP技術導入でガソリンとコークスを生産開始しました。満洲国はスコットランド，エストニア，ドイツと並ぶオイルシェール主要生産国になりました。

②肥料

1910年代から製鉄や都市ガス等の副生硫安がありました。1920年代末本格的なアンモニア・硫安計画が打ち出されましたが，日本国内への製品流入を恐れる日本業界が反対し計画は進みませんでした。しかし，満洲国成立後，実権を持つ関東軍の意向で満洲化学が設立され，ドイツのウーデ法で1935年3月大連で運転開始しました。

業界対策のため満洲化学は日本法人として設立され，肥料消費者の全購連が株主に入りました。株式は満鉄50％，全購連が一般株主最大の9％を出資しました。

③ソーダ

満洲曹達の計画は1923年で，以後13年間も日本業界と争いました。この間，関東庁と満鉄は，イギリスのブラナーモンドと合弁検討しました。これは今の日本企業の目からは理解できない事態です。最後は東京の方針に従うのが海外で働く日本人の行動パターンです。しかし，満洲は違いました。現地暴走は関東軍だけではありませんでした。

合弁計画はブラナーモンドの戦略とあわず合意に達しませんでしたが，満洲国成立で流れが変わり，1935年満洲化学の生産が始まると変化は加速します。最終的に関東軍の意思決定で満洲曹達が設立されました。満洲曹達は大連で直ちに工場建設に入り1937年生産開始しました。原料アンモニアは隣接の満洲化学からパイプ供給でした。

業界が最後まで反対した満洲化学とは異なり，満洲曹達は旭硝子が技術と資本を出しました（旭硝子35％，満鉄25％，満洲化学25％，（旭硝子の現地子会社の）昌光硝子15％）。ただし，日本での販売は業界との摩擦が尾を引き苦労した，と旭硝子の社史が記します。

④アルミ

アルミ精錬は電力価格が国際競争力を失うまで日本化学工業の重要な部門でした。航空機生産に必須のアルミ生産は満洲の戦時経済体制にどうしても必要で，満洲軽金属（満鉄56％，満洲国政府40％，住友化学2％，昭和電工2％）が撫順に設立されました。

通常，アルミはボーキサイトを苛性ソーダで処理したアルミナを電気分解して得られます（湿式法）。ボーキサイドがない満洲では，満鉄中央試験所が開発し

た乾湿併用法で礬土頁岩（アルミナ55-60%）を原料に1938年満洲軽金属が撫順で生産開始しました。

⑤撫順化学工業所

　撫順では自家用を主にさまざまな化学製品を生産し，実験工場の役割も果たしていましたが，火薬関連のみをのべます。撫順では採鉱用に大量の爆薬を使用するので，1918年に自家用火薬生産が始まり，一部は外販しました。爆薬に必要な火工品（導火線，工業雷管，電気雷管など）を生産する南満火工品が1929年に設立され，日本化薬が技術協力しました。

4．中国企業の接収

　次に満洲国成立前からの中国企業です。本書冒頭で中国の近代工業は兵器工場から生まれたことを述べました。事情は満洲でも同じです。1860年北京条約でウスリー川以東はロシア領となると吉林省の国境防衛が重要な任務となり，1881年砲弾や弾丸を生産する吉林機器局が建設されました。しかし，1900年ロシア軍攻撃で破壊されました。

　1911年清朝が滅びた際の政治的空白期に力を伸ばしたのが張作霖です。遼寧省の海城に生れた張作霖は長じて吉林省の馬賊に身を投じます。当時は治安が悪く非合法組織が多かったのですが，張作霖はその中で頭角を現し1919年満洲の覇者となりました。

　東三省（黒竜江省・吉林省・遼寧省）を支配した張作霖が最初に取り組んだのが兵器工場建設です。1919年奉天軍械廠を建設し，1921年拡張して東三省兵工廠としました。デンマーク企業の設計では設備変更や追加が相次ぎ工事はかどりませんでした。これを不満に張作霖は第2工場を日本に依頼して日本との密接な関係が生まれます。

　第2工場建設を支援したのは日本陸軍の基礎を築いた大村益次郎により誕生した大阪砲兵工廠です。一致協力した日本人は着工後1年余で生産開始して張作霖を喜ばせ，日本は支援を拡大しました。張作霖は蒋介石軍や軍閥の馮玉祥軍，段祺瑞軍を上回る武器弾薬を生産し，この軍事力を背景に軍閥奉天派を形成して北京の政界で重きをなしました。

50　第 1 部　戦前

　しかし，張作霖と日本の蜜月は長くは続きません。中央政界に乗り出した張作霖は次第に日本から離れ，関東軍の謀略で 1928 年爆死します。この頃になると日本は満洲への領土的野心を隠すことなく，1931 年満洲事変，1932 年満洲国誕生となりました。

　満洲国成立後，関東軍は陸軍造兵廠を奉天に建設し，張作霖が建設した東三省兵工廠は関東軍に接収され奉天造兵所としてその管理下におかれました。奉天造兵所には硫酸工場，電解工場，火薬工場の化学関連工場があり，このうち電解工場は表 3-1 にある大和染料に売却され，大和染料奉天工場として 1937 年 5 月生産開始しました。

5．満洲化学工業の発展

　満洲化学工業の発展をアメリカ合衆国戦略爆撃調査団報告書によって整理します。戦略爆撃（Strategic Bombing）は今では殆ど耳にしませんが，戦略攻撃（Strategic Attack）の一つで，第 1 次世界大戦後の総力戦時代に使用されました。相手国の経済的社会的総体を攻撃目標とし，その崩壊を促し戦意を破滅させる爆撃をさします。

　アメリカは日本敗戦後アメリカ合衆国戦略爆撃調査団を派遣し，戦略爆撃がどの程度効果があったかをみきわめ，将来の国防政策の参考とするための調査活動をしました。調査団は東京に本部，大阪・名古屋他に支部を置き，文官 300 名，現役将校 350 名，民間人 500 名という大所帯で，GHQ が全機能をあげて協力しました。

　その調査報告書は，短期の調査活動にもかかわらず日本を正確に分析し，日本経済史の研究者から高い評価を得ています。調査団は 108 の報告書を作成しており，その中の一つに石油・化学関連報告書があります。この報告書作成にはアメリカの石油・化学・エンジニアリング企業 18 社が専門家を派遣して協力しました。

　石油・化学関連報告書は保科善四郎中将へのインタビューから始まります。保科は日米開戦時の兵備局長として兵站業務の最高責任者であり，日本敗戦時は軍務局長としてポツダム宣言受諾を決めた御前会議にも出席しました（写真 3-2）。保科は「何が日米間の戦争の最後の引き金となったのか？」との質問に次のよう

に答えています：

　「石油の輸入停止である。石油なくしては日本は生きることができない。石油なくしては，中国との戦争を成功裡に終結させることもできず，国として生き残ることもできない。ゴムやボーキサイトの供給も絶たれたが，いずれもなくてはならぬ物資であった。1941年（昭和16年）11月26日にアメリカから最後通牒を受け取ったとき，われわれはもはや一国家として存続することができないと決断した。そこでわれわれは戦ったのだ」。

写真3-2　御前会議での保科中将
ポツダム宣言受託を決めた8月9日夜の御前会議。中央は昭和天皇。立っている人物は議事進行の鈴木貫太郎首相。左側2人目が保科善四郎軍務局長。
出所：保科善四郎（1975）『大東亜戦争秘史』原書房，巻頭写真。

　保科が「なくてはならぬ物質」とした「石油」「ゴム」「ボーキサイト」は，満洲国が総力をあげて取り組んだ分野です。「石油」は人造石油5工場を建設し，「ゴム」は吉林の石炭化学・電気化学コンビナート計画で合成ゴムのみならず航空燃料ブタノールなどを含み，「ボーキサイト」は礬土頁岩を代替原料にアルミ工場を建設しました。
　以下はその概述ですが，以後，人造石油は現代用語の石炭液化に言い換えます。

①石炭液化
　技術は低温乾留法，高温高圧下で石炭に水素添加して直接液化する法，石炭か

ら水素と一酸化炭素を作りこれを触媒により液化する間接液化法の3種類があります。石炭低温乾留法は製品用途が限られるので，選択は直接液化法か間接液化法でした。満洲国の石炭液化工場では撫順，吉林，奉天が直接液化法，錦州が間接液化法，四平街は低温乾留法でした。紙面の制約から，新中国に継承された撫順と錦州の状況をみます。

　まずは，撫順。日本で最初に石炭液化技術開発を始めたのは海軍です。軍艦の燃料が石炭から重油に転換すると直ぐ海軍燃料廠で石油精製事業を始め，かつ，直接法石炭液化の研究を始めました。満鉄は1928年海軍燃料廠に石炭液化の研究費を提供し，自らは石炭液化の触媒研究を始めました。

　海軍との関係が薄い満鉄が関係を深めたのはオイルシェール重油を徳山海軍燃料廠に納入してからです。やがて，満鉄は直接法石炭液化に本格的に取り組み，海軍の技術を継承して技術開発しました。満鉄は撫順に工場建設し1941年航空機用ガソリン生産が始まりました。しかし，新技術の実施は困難の連続で生産量はわずかでした。

　次は錦州。三井グループでは試験研究を始めていた三井鉱山が1936年ドイツのルールヘミーから間接法のフィッシャー法を技術導入しました。満洲国の要請で錦州に満洲合成燃料（三井グループ3社（三井鉱山・三井物産・三井合名）34％，満洲国政府34％，満鉄20％，満洲石油6％，満洲炭鉱6％）が設立され1944年工場完成しました。しかし，コバルト触媒不足と基幹設備ディディエ炉故障で，正常運転が出来ぬまま敗戦になりました。

②ゴム

　次はゴムです。満洲は必須の軍需物資であるゴム資源がないので，有機合成化学の1部門として合成ゴム工場が計画され，満洲電気化学が1938年吉林に設立されました。中核企業に電気化学（カーバイド），日本化成（現三菱化学：コークスと合成ゴム），大日本セルロイド（現ダイセル：酢酸を原料にしたアセトンとブタノール）3社が選ばれました。

　本命の合成ゴムは技術的に高度なブタジエン系を満洲電気化学本体で日本化成の技術で生産する計画でした。別途，満洲電気化学とブリヂストンが合弁で満洲合成ゴムを設立し，技術的に容易なクロロプレン系を企業化しました。

　しかし，一貫性のない満洲国政策のため満洲電気化学の建設は実施されず，ようやく1942年に工場建設に入りました。各社の社史によると建設は次の通りで

す：カーバイドは1942年春小規模工場生産開始，本格的工場建設中で日本敗戦。コークスは1945年7月火入れ直後日本敗戦。酢酸誘導品も建設中日本敗戦。クロロプレンは生産能力を縮小して1944年12月末生産開始，引き続き増設中に日本敗戦。ブタジエン系は着工せず。

③アルミ

　次はアルミです。撫順の満洲軽金属で生産されたアルミは，一部超高圧送電用に使用されましたが，需要の大半は航空機でした。航空機生産は1943年頃から現地生産が本格化し，敗戦までに累計で航空機3374機，エンジン2323基を製造しました。

　1941年水豊に大発電所が完成すると，安価な電力によるアルミ工場が安東（現丹東市）で計画され1944年安東軽金属が設立されました。住友化学が満洲重工業の要請に応じて計画を推進しましたが，第1期工事が85%程度完成した時点で日本敗戦となりました。

　なお，航空機生産にはマグネシウムも必要です。満洲マグネシウムの営口工場に加えて，三菱関東州マグネシウムが1945年関東州石河で工場完成したものの直ぐに敗戦でした。

6．2つの産業開発5ヵ年計画

　以上の急速な工業化を推進したのが2つの5ヵ年計画です。満洲国が成立してその運営に自信を持った関東軍は，1937年を初年度とする第1次産業開発5ヵ年計画を，満鉄の協力下で満洲国政府と定めました。

　第1次5ヵ年計画は膨大な資金を要することもあって陸軍と大蔵省が激しく対立し，日本政府は5ヵ年計画を積極的には支持しませんでした。ところが，1937年7月日中戦争が始まると，日本政府は態度を一変させて満洲国に逆に規模拡大を要請しました。

　満洲国政府はこれに応じ軍需品増産を重視した修正5ヵ年計画を決定します。実施の中心は1937年末に日産財閥の満洲移駐で生まれた満洲重工業です。満洲重工業の設立は満鉄改組と裏腹の関係にあり，後述のとおり，満鉄改組は満洲国成立後の満鉄の悲劇です。

54　第1部　戦前

　1942年9月満洲国政府は第2次5ヵ年計画を決定しました。しかし，直ぐに太平洋戦争となって第2次5ヵ年計画は正式な国策とはならず，逆に，度重なる日本の要請に応じて満洲国政府は計画変更で増産しました。そのため，通常，第2次5ヵ年計画は事実上実施されなかった計画と評価されます。

　しかしながら，2007年に発見された2つ遼寧省档案館新史料[6] によると，少なくとも満洲化学工業は，第2次5ヵ年計画の大きな影響を受けています。その具体的な事例が吉林の石炭化学・電気化学コンビナート，安東での第2アルミ工場，各地の人造石油工場です。いずれも第2次5ヵ年計画下で満洲国化学工業政策が積極化して実施されました。

　新史料は日本敗戦後残留して国民党政権の東北経済運営に協力した佐伯千太郎[7] が記したものです。佐伯は重要物資の流通統制を受け持った特殊会社日満商事の企画部で，化学品の配給統制実務を担当した人物です。

　新史料によると，1941年戦時緊急経済方策要綱で対米開戦に伴う日本本土の戦時緊急需要が優先され，また，初期戦勝で南方ゴム・石油資源を入手したため，満洲の投資計画が一時的に阻害されました。ところが，1942年基本国策大綱では，戦況の悪化と共に一転して満洲での生産力増強が再び図られました。先に見た進捗しなかった吉林での石炭化学・電気化学コンビナート計画はこのような状況下で推進されたものです。

　1944年火薬原料緊急増産対策要綱で政府内化学関連組織強化が図られ，経済部の化学工業科が昇格して化学司（その下に有機科・無機科・軽金属科）となりました。

7．苦悩する満鉄

①満鉄改組

　初期は栄光に満ちた満鉄でした。ですが，満洲国成立後は苦難の連続です。満鉄は鉄道に加えてさまざまな経済事業を営み，調査や研究開発でも大きな役割を果たし，鉄道沿線では行政機能も持った特異な存在でした。しかし，満洲国成立後，日本から有能な官僚が派遣されて国家としての形が出来てくると，満鉄の機能は変化せざるをえません。

　他方，満洲国の実権を握った関東軍には行政を担える人材もなく，経済のわか

る人材もいません。関東軍が自らの方針で満洲国を運営するには満鉄の抱える豊富な人材が必要でした。1936年9月に満鉄組織の大改正がなされて満鉄は関東軍の管轄下に置かれ，満鉄の機能は鉄道と調査・研究開発部門のみが残ります。

　石炭販売を主とする商事部門は独立して特殊会社の日満商事となり，鉄道沿線付属地の行政権は満洲国政府に移管し，経済事業のうち鉄鋼・化学・自動車・航空機等の重化学工業部門は新設の満洲重工業に移管されました。新しい満鉄の生きる道として松岡総裁が選択したのが調査部の拡充と人造石油事業でした。

　満洲国で大きな影響力を持った5人の実力者 "2キ3スケ"[8] のうち，満鉄改組と満洲重工業設立における主人公は鮎川義介と松岡洋右です。松岡も鮎川も共に山口県出身であり，鮎川の言によると2人は爾汝の関係にありました。ところが，皮肉にも，鮎川が満洲重工業総裁に就任した時の満鉄総裁が松岡でした。

②満洲重工業

　満鉄改組と満洲重工業設立に関しては多くの書物が論じているので，ここでは満鉄改組と満洲重工業が満洲化学工業に与えた影響をみましょう。満洲重工業は日本の日産財閥を率いる鮎川が，日産財閥全体を満洲に移住させて1937年12月に生まれました。しかし，次々に難問にぶつかり期待された機能を果たしませんでした。

　期待された自動車が実績をあげることができなかった上に，鞍山・本渓湖に続く第3番目の鉄鋼生産拠点として期待された東辺道開発計画は失敗に終わりました。また，長年にわたり満洲で力を培った満鉄関係者との軋轢が深刻で，満鉄の旧商事部門が特殊会社となった日満商事，撫順以外の炭鉱を管轄した特殊会社の満洲炭鉱との対立が深刻でした。

　このような状況から，第2次5ヵ年計画同様に，満洲重工業は厳しい評価を受けます。しかし，航空機生産において，満洲重工業は大きな実績をあげたのを忘れてはなりません。戦後日本政府が編集した資料によると，当初は日本から供給されていた航空機生産用の資材は，1943年頃から現地生産化が進展しました。

　化学工業においても満洲重工業の影響は大きいものがあります。例えば，住友化学は，満洲重工業の要請に応じて，安東アルミ計画を実施しました。戦争末期に満洲におけるアルミ・マグネシウム・航空機用ガソリンの技術開発が発展したのは，満洲における航空機生産体制の整備により加速されたのです。

8．化学企業の動向

　満洲化学工業は戦時経済下の軍需工業として大きな役割を果たしました。
1939年建設開始した関東軍爆薬工場の遼陽陸軍火薬廠には，日本内地の陸軍爆
薬製造技術の最高水準のものが提供され，また，優秀な人材が派遣されました。
図3-1から日本の化学企業が遼陽に爆薬生産原料を供給した状況がわかります。

図3-1 「軍火薬廠ト化学工業会社トノ関連図」

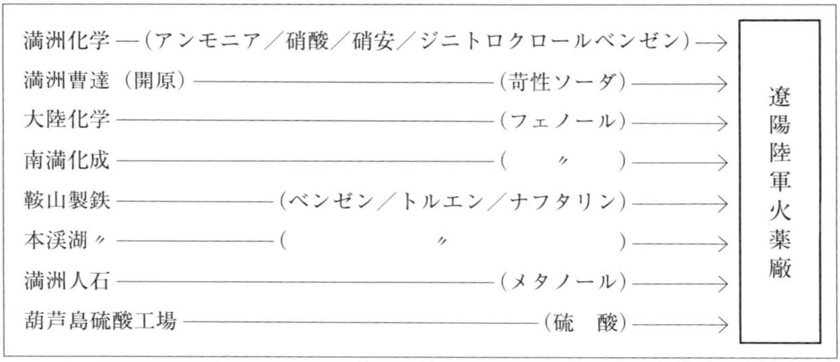

満洲化学 ―（アンモニア／硝酸／硝安／ジニトロクロールベンゼン）→	
満洲曹達（開原）――――――――――――（苛性ソーダ）―――→	遼
大陸化学―――――――――――――――（フェノール）―――→	陽
南満化成―――――――――――――――（　〃　）―――→	陸
鞍山製鉄――――――（ベンゼン／トルエン／ナフタリン）―――→	軍
本渓湖〃―――――（　　　　　　〃　　　　　　）―――→	火
満洲人石――――――――――――――（メタノール）―――→	薬
葫芦島硫酸工場――――――――――――（硫　酸）―――→	廠

出所：佐伯千太郎（1946）『偽満洲国主要化学工業政策変遷史』（東北行営）経済委員会工鉱
　　　事処，遼寧省档案館史料 "工鉱1466"，p.49。

　満洲化学と満洲曹達は，設立前の摩擦にもかかわらず日本業界と融合して関東
軍の爆薬生産基地に変身しました。当初の生産品目にはない火薬原料ピクリン酸
の原料ジニトロクロールベンゼンが入っています。満洲化学大連が原料硝酸，満
洲曹達（開原）が原料塩素，遼陽が最終製品爆薬の生産基地という分業が分かり
ます。

　大陸化学のフェノールは表3-1の三井化学の計画です。それまで三井化学はフ
ェノールを大牟田工場から遼陽陸軍火薬製造廠に納入していました。フェノール
現地生産計画の背景は日本国内での原料調達難でした。同じく南満化成のフェ
ノールは同じく表3-1の三菱化成の計画です。

　また，鞍山と本渓湖の製鉄所では従来からベンゼン／トルエン／ナフタリンが
生産され満洲国経済に中間原料を供給してきましたが，この時期には軍需として

納められています。満洲人石とは吉林の満洲人造石油のことで，満鉄は破綻した吉林の人造石油工場の経営を引き受け，メタノール工場に改造しました。メタノールは幅広い用途を持つホルマリンとなり軍需用に使用されたのでしょう。

　最後の葫芦島硫酸工場はアメリカから技術導入に失敗した亜鉛精錬の付属工場で，硫酸工場のみを完成させたものです。住友化学の社史によると，同社は満洲国政府と陸軍の要請に基づき，アンモニアと胡炉島の硫酸を原料に満洲硫安を設立しましたが，機器入手が困難で計画は頓挫しました。

58　第1部　戦前

第4章
日中戦争

1．満洲から華北へ

　満洲経営がひとまず軌道に乗って自信を持った日本は，次に，華北への軍事進出を目指すようになります。1914年に第1次世界大戦が勃発すると，日本は日英同盟の名を借りて参戦し，ドイツの膠州湾租借地を占領しました。満洲での経験から日本は鉄道を重視し，直ちに山東鉄道全線を占領下におきました。

　日本は翌1915年中華民国に21カ条要求を突き付けます。これにより中国の対日感情は大きく悪化し，1919年5月反日デモが発生しました。いわゆる五四運動です。初めは北京の学生による反日運動でしたが，一般市民も参加して全国規模での排日運動となりました。これが中国における反日デモの最初です。

　日本の野心は山東省の石炭，塩，綿花などの資源目的でした。中でも石炭に注目しました。日本は1922年に膠州湾租借地を返還しますが，日中合弁の魯大公司を設立して実質的に炭鉱経営を継続し，その出資会社として満鉄・三井物産・三菱商事・大倉組などが出資する山東鉱業株式会社を設立して利権を維持したのです。

　石炭に次いで注目をしたのは塩です。ソーダ工業や染料工業の発展に伴い大幅に増加した工業用塩の供給は7割を海外に依存し，しかもその6割はアフリカ・地中海・紅海など遠洋からの輸入でした。近海での工業用塩確保が重要視され，太平洋戦争中になると，青島を柱とする山東省の工業塩が日本の全輸入の20-30％を占めました。

　石炭，塩の次綿花です。山東省の工業都市を代表する青島に最も活発な投資をしたのは日本の繊維企業でした。表4-1は青島に進出した外国企業の1933年の概況です。青島に進出した外国企業49社の内42社が日本企業でした。産業別にみると資本金でも従業員数で紡績が圧倒的に多く，その全てが日本企業でした。

第4章　日中戦争　　59

表4-1　青島進出した外国企業（1933年）

	中国企業			外国企業			
	工場 （数）	資本金 （千元）	従業員 （人）	工場		資本金 （千元）	従業員 （人）
				外資 （数）	日系 （数）		
紡　績	23	2,956	2,626	8	8	71,480	17,674
化　学	18	614	2,397	9	9	1,327	1,583
機　械	48	2,434	2,897	18	15	1,623	641
印　刷	16	91	339	5	5	65	100
食　品	18	6,494	1,590	9	5	2,140	2,986
水力発電	2	5,000	350				
合　計	125	17,589	10,199	49	42	76,635	22,984

出所：庄維民・劉大可『日本工商資本与近代山東』社会科学文献出版社，p.378。

　表4-1の化学は染料をはじめとする繊維関連が主です。しかし，日本の染料企業は現地生産に積極的ではありません。染料生産は多品種少量生産で付加価値が高く，多くの染料企業は投資よりも輸出する戦略をとったからです。しかし，1930年代半ば帝国火薬と三菱化成が小規模投資をしました。その概況は後述します。別途，早くから大連に工場建設した大和染料は，大連から染料を供給しました。

2．日中戦争の始まり

　日本の中国への軍事侵略は満洲事変後に本格化します。満洲国が成立して内部体制が固まると，関東軍は1933年華北に侵入して塘沽停戦協定を結び，冀東自治政府を成立させて冀東9 を中国軍が駐屯しない非武装地帯としました。

　南京の国民政府は軍閥割拠する華北支配体制は脆弱でした。他方，華北の軍事実力者は国民政府への帰属意識が希薄で，日本の「華北自治」をうたい文句にした懐柔工作の恰好の対象になり，日本の特務機関が密貿易を懐柔資金に利用しました。この冀東自治政府が日本の華北侵略の橋頭保となったのです。

　このような日本の中国政策に対して，中国の世論は国内一致した抗日を求める

ようになります。1935年12月9日北京の学生が日本の華北侵略に反対し国共内戦停止と一致抗日を求めてストライキを起こしました。この運動は「十二・九運動」とよばれて中国全土の各都市に拡大し，抗日のための民族統一戦線の成立を促しました。

1936年12月初め蒋介石は共産党討伐のため陝西省の省都西安に入り西安事件となります。次第に一致抗日を信奉するようになった張学良は，12月12日早朝自分の親衛隊200名を蒋介石の宿泊地の華清池に派遣し，蒋介石を監禁して一致抗日を訴えました。しかし，蒋介石は監禁後も同意しません。

共産党は張学良に工作活動をしましたが，張学良が蒋介石を監禁するとは思ってもみません。さらに，モスクワのコミンテルンがこれを日本の陰謀として，事態は一層複雑になりました。混乱した共産党内部をまとめて張学良と交渉し，蒋介石を説得したのが周恩来です。周恩来は孫文の第1次国共合作で国民党に入党して黄埔軍官学校長の蒋介石の部下でした。両者の関係は良好だったようですが，会談の内容ははっきりしません。

写真4-1 西安事件で監禁中の蒋介石

右端が蒋介石。中央が夫人の宋美齢。左端は義弟の孔祥熙。蒋介石は共産党軍掃討作戦を実施中の張学良を督励するために西安訪問するも一致抗日を唱える張学良に監禁された。蒋介石は監禁後も一致抗日を約束せず。身を案ずる宋美齢や孔祥熙が西安まで来て蒋介石を説得。蒋介石は最終的には一致抗日を約束して釈放された。これにより内戦がほぼ停止。翌年の日中戦争開始とともに第2次国共合作が誕生した。
出所：小西四郎編集代表（1968）『明治百年の歴史：大正・昭和編』
　　　講談社，p.190．

やがて，蒋介石夫人の宋美麗や義兄の孔祥熙が西安にきて蒋介石を説得します（写真4-1）。最終的には蒋介石が内戦停止に同意し無事解放されました。周恩来は混乱した共産党内部を取りまとめて，蒋介石に内戦停止を同意させました。周恩来が発揮した外交手腕と政治力は国内外の人びとの目をみはらせました。

毛沢東と会談したエドガー・スノー，蒋介石の友人W.H.ドナルドのような外国人をはじめ，関係者が西安事件に関してさまざまな記述を残しています。しかし，蒋介石も張学良も事件に関して多くを語っていません。陰の主役周恩来も同様です。最近，蒋介石の日記が公開されて明らかになった点も多くあります。ですが，肝心の張学良や周恩来が記録を残しておらず，現在でも不明な点が少なくありません。

西安事件は現代中国史の大きな転換点です。現在の中国でも改めてその重要性が強調されています。西安事件がなければ第2次国共合作は実現しなかったか，あるいは，大きく遠のいて，抗日戦争に重大な影響を与えたことでしょう。西安事件後，国共内戦は停止され一致抗日の体制作りが進みました。その後におきた盧溝橋事件でも，蒋介石はこれまでのような対日融和策を取らず，抗戦の方針を明確にしました。

他方，日本では近衛内閣が現地で先行した軍事行動を事後的に認め，戦線は次々に拡大します。停戦交渉がなされながら，戦闘は北平[10]から天津に拡大し，1937年7月28日に日本軍による全面攻撃が始まりました。日中戦争の始まりです。華北での戦闘拡大と共に上海周辺での軍事緊張も高まり，日中戦争は華北から上海に波及しました。

上海戦には両国とも大量の兵力を動員して激しい戦闘が交わされました。日本軍は10月までに20万人を投入しましたが，頑強に抵抗を続ける蒋介石軍との戦闘のために追加部隊を派遣し，さらに，華北の陸軍を杭州湾から上陸させて中国軍を側面から攻撃し，租界を除く上海市全域を日本軍がようやく奪いました。

中国軍は上海戦線からの撤退で総崩れとなり，首都南京での戦闘は日本軍の一方的な攻撃となりました。犠牲の大きかった上海戦での復仇心と，首都を支配すれば中国支配が終わるとの期待感から，さらに，急進撃による補給不足が加わって，日本軍には軍規の弛緩と精神的荒廃が生まれました。その中で，発生したのが南京大虐殺です。

南京大虐殺の要因は諸々あります。上海や南京での戦闘にあたった部隊は予備役・後備役兵中心であり，この歪んだ軍編成にも留意する必要があります。当時

の陸軍は常に対ソ戦を意識していたので，現役兵中心の精鋭部隊は対ソ戦に備えて温存する必要があったのです。そのため上海派遣軍は現役兵率の低い編成でした。

　予備役・後備役兵が多いということは，軍人としての訓練が十分でないことをも意味します。そのため，軍規の頽廃や戦争犯罪の多発をもたらします。中国戦線での日本軍はその後も予備役・後備役兵の割合が高い水準にありました。1938年8月時点でのデータによると，中国派遣軍の現役兵率はわずか17％という比率です。

3．重慶国民政府の経済建設

　清朝時代は外国軍が首都北京に迫ると皇帝は逃亡し，首都占領で講和条約を受け入れました。そのため日本は，首都南京を放棄した蒋介石は地方政権に転落するだろう，とみました。ところが，蒋介石は抗戦姿勢が評価されて求心力を強めます。要所を次々に占領されても抗戦をやめず，最終的に重慶を首都にして抗日体制を構築しました。

　重慶に本拠を置いた国民政府は，近代工場は全国の8％，発電量は2％という奥地の自給自足経済体制樹立を抗日持久戦のため図りました。国民政府は実業部を経済部に改組し，同時に，建設委員会・全国経済委員会・資源委員会などを経済部の下に置いて再編成し，上海周辺の工場や技術労働者の奥地移転を強力に推進しました。

　では，奥地移転は化学工業ではどうだったか。代表する民族資本家はすでにみた天津の范旭東と上海の呉蘊初です。呉蘊初は移転に積極的に協力しました。重慶と宜賓で電解工場を建設して奥地の工業化に貢献しました。他方，范旭東は協力していません。華東を基盤とした国民政府の影響が北の范旭東には及ばなかったから，とも言えます。しかし，范旭東の事業は装置産業で移転が容易でなかったことも一原因です。

　その結果，天津のソーダ工場と南京の硫安工場は日本軍に接収されました。范旭東は重慶に避難し，国民政府支援下で四川省にソーダ工場と硫安工場を建設する事業再構築を図ります。アメリカ支援で硫安計画がまとまりました。海岸線を日本が押さえているため，設備はビルマ・ベトナムを経由し雲南から輸送する計

画でした。しかし，日本軍の南下で南方からの輸送も困難となりました。結局，計画は実施されませんでした。

　他方，ソーダ工場建設には輸入設備輸送の問題に加えて原料問題がありました。ソルベー法は原料に塩とアンモニアを使用します。四川では濃度の低い塩しか入手できない上に，アンモニアの調達も困難です。そこで，四川では低濃度の塩を原料に旧式のルブラン法で細々とソーダ灰を生産しました。

　近年の中国研究では重慶国民政府の政策を評価する業績が次々に発表されています。諸改革は限界があったにせよ着実に実施されていました。注目すべきは，単に生産活動が奥地に移転したのみならず，それを支える技術開発研究も奥地に移ったことです。日本の占領地を逃れた知識人や学生は，多くが大学や研究機関とともに奥地に疎開しました。

　重慶国民政府による全国各地の高等教育機関の移転工作により，52の大学が西南・西北各地に移転しました。侯徳榜が第1期卒業生の清華大学も，北京大学や南開大学と連合し，湖南省長沙を経由して最終的には雲南省昆明を本拠地に移転します。そして，大学の名前を西南連合大学と改名し，奥地で技術研究開発活動を続けました[11]。

　占領地を逃れた知識人や学生は，志願して行く者が多かったのも重要です。孫文の下で中華民国が誕生してから25年，中国にはナショナリズムが育ちました。日本の侵略は中国のナショナリズムを強め，日本の予想以上の抗日運動となりました。

　日中戦争の行方に大きな影響を与えたのは1941年の太平洋戦争勃発です。長年，蒋介石は対日戦争にアメリカの軍事力を利用する戦略を描いてきました。日本の華北侵略に対しても融和政策を取り，自らは共産党への軍事攻撃に注力したのは，当時の中国では強大な日本の軍事力に対抗できないことを認識していたからです。

　蒋介石は西安事件で一致抗日戦略をとってからも，アメリカ参戦を期待し続けました。日本の対米宣戦布告は，長年の蒋介石の望みを適えさせたといえます。アメリカ参戦で中国は連合国の一員となり，形式的とはいえアメリカ・イギリス・ソ連とならぶ4大国の1つになったのです。蒋介石は連合軍の中国戦場最高司令官に就任しました。

　1943年10月の世界の安全保障に関する「4ヵ国宣言」では，中国もその1国に加えられました。また，引き続き11月にカイロで開かれた米英中3国首脳

会談には蒋介石が出席し，戦後の東アジア構想にも中国が参加して定められました。戦後の東アジアにおける中国の中心的役割が連合国内で承認されたのです。

このような中で，アメリカは1942年に蒋介石を補佐する連合国軍中国戦区参謀長として，ジョゼフ・ウォーレン・スティルウェルを派遣しました（写真4-2）。スティルウェルは大胆で有能な戦略家でしたが，性格が辛辣でした。そのため，独裁者である蒋介石との関係は良くなく，その果たした役割は限定的でした。

写真4-2　スティルウェルを案内する呉蘊初

アメリカ大統領フランクリン・ルーズベルトはスティルウェル（前列右から2人目）を連合国軍中国戦区参謀長として派遣した。写真は重慶の電解工場を見学に来たスティルウェルを案内する呉蘊初（前列右から3人目）。
出所：上海市档案館編（1989）『呉蘊初企業史料・天原化工廠巻』
　　　档案出版社，巻頭写真。

奥地での積極的な経済建設の結果，国民党支配地区の1944年工業生産は1938年の3.5倍にまでなりました（表4-2）。海岸線が日本に押さえられて石油入手困難のため，国民政府は資源委員会が石油資源開発に取り組み甘粛省玉門油田で成功しました。既存の延長油田，独山子油田でも増産しました。表のガソリンの高い倍率はそのためです。

それでも不足する石油をカバーしたのが農産物原料の小規模アルコール生産です。表中のアルコールはこの農産物からのアルコール生産で，四川省を中心に62箇所で小規模アルコール工場が建設され，石油代替品として使用されました。では，化学工業はどうか。硫酸4.6倍，苛性ソーダ6.2倍で，電力を若干上回ります。

第4章　日中戦争　　65

表4-2　国民党支配地区の工業成長率　　（指数：1938年＝100）

	1939年	1940年	1941年	1942年	1943年	1944年
電力	136	205	261	292	341	382
石炭	109	120	170	207	214	149
鋼	211	351	875	2214	4973	7813
ガソリン	104	1669	4029	37679	65497	83154
アルコール	264	1490	1767	2566	2428	2464
セメント	231	247	124	194	174	203
硫酸	73	252	368	392	371	457
苛性ソーダ	0	100	301	360	441	671

出所：菊池一隆（1987）「国民政府による抗戦建国路線の展開」池田誠編著『抗日戦
　　　争と中国民衆』法律文化社．p.149。

4．共産党支配地区

　共産党の支配地区は，本部の陝甘寧辺区（陝西・甘粛・寧夏にまたがった革命根拠地）以外に，晋察冀辺区（山西・チャハル[12]・河北にまたがった革命根拠地），晋冀魯豫辺区（山西・河北・山東・河南にまたがった革命根拠地），山西・綏遠[13]の一部，青島東部の一部です。いずれも農村地帯で近代的な工場は皆無でした。

　共産党支配地区ではそれぞれの革命根拠地で化学工場を持ちました。戦いに必要な化学品を小規模生産でそれぞれ自給する体制を構築しました。基礎化学品である硫酸やソーダをはじめ，製薬，硝酸，塩酸，爆薬，アルコール，グリセリン，石鹸，皮革，マッチ，ガラス，紙等々を生産しました。共産党が近代的な工場を持つのは内戦に勝利して東北で得た日系工場が最初です。

5．興中公司と北支那開発

　ここで時代を少し遡ります。場所は再び華北。日本の華北進出の基礎調査をしたのは満鉄調査部[14]で，1935年華北分離工作開始と共に調査活動を始めました。

66　第1部　戦前

満鉄天津事務所が設置されて華北の経済情報収集や兵要地誌調査を行いました。日中戦争が始まると華北調査活動人員が増員されました。

　1935年12月興中公司が満洲事変後の日満支経済ブロックの結成と日支経済提携を目的とする国策会社として設立されました。主な事業は華北の資源開発です。資本は全額満鉄出資で，人員も主力は満鉄派遣でした。当時の日本の論理でいうと，満洲での成功体験を基に華北への進出を図ったのです。

　興中公司が取り組んだ事業は石炭，塩業，電力，製鉄，綿花，交通です。戦前日本が山東省の塩に関心を示した状況を本章冒頭にのべました。日本は魯大公司を設立して山東塩の対日輸出体制を築いたので，興中公司は河北省の長盧塩の改良と増産に取り組み，長盧塩産出地漢沽に輸出用ベルト・コンベアーを設置して対日輸出を開拓しました。

　日本の華北への進出が本格化すると，総合的な大陸経済開発機構として交通・通信・電力・工業・鉱業・工業塩などを幅広く網羅した国策会社の北支那開発が1938年11月に設立されました。そして，興中公司が先兵として開拓した事業は徐々に新しい北支那開発に吸収されました。興中公司も満鉄と似たような道をたどったのです。

6．日系化学企業の動向

　北支那開発は重要産業を投資と融資で総合調整するのが役割で，実際の工場建設を実行したのは日本の化学企業です。以下，直接投資と日本軍接収工場の経営受託に分けて，日本の化学企業の動向を概述します。

①直接投資

電気化学：電気化学社は北支那開発・三井物産と山東電化株式会社（北支那開発25％，電気化学37.5％，三井物産37.5％）を設立して1941年12月カーバイド生産を開始しました。中国のカーバイド需要は好調で1945年2月増設工事を終えるとすぐ増設しました。増設に伴う増資で原料石灰石を採掘する山東鉱業を新株主に入れて，株主構成は北支那開発34％，山東鉱業6％，電気化学30％，三井本社30％となりました。しかし，すぐに日本敗戦となり設備は中国に接収されました。

東洋紡績：興中公司は長蘆塩対日輸出で実績を上げましたが，長蘆塩生産過程で発生する廃液の苦汁を原料に芒硝や臭素などのソーダ生産を計画しました。興中公司は事業出資者にソーダを必要とする東洋紡績を選び，1938年東洋紡績は東洋化学を設立して工場建設に入りました。ところが，建設資材上昇とインフレで大幅増資がなされ，その過程で，東洋化学は興中公司の塩業が北支那開発に移管されて誕生した華北塩業の子会社になりました。

徳山曹達：1943年5月大東亜省の指示で礬土頁岩が豊富な山東省張店でのアルミナ建設計画が決定され，計画の実行企業として徳山曹達が選ばれました。新会社の華北軽金属（北支那開発50％，日本軽金属統制25％，徳山曹達12.5％，華北礬土12.5％）が設立され，1945年8月張店でアルミナ設備が完工しました。しかし，すぐに敗戦で接収されました。

　なお，別途，北支那開発は関与しない純粋に民間ベースの事業として，徳山曹達は東洋綿花系の上海紡績の要請に基づき上海紡績と合弁で青島曹達を設立し，小規模の電解工場を青島に建設しました。上海紡績は上海・天津・青島に紡績工場を持っていましたが，繊維処理に使用する苛性ソーダと晒粉を日本からの供給に依存しており，1944年になると海上輸送が困難になりました。東洋綿花のみならず軍部からの要請があって，徳山曹達は現地生産に踏み切りましたが，主要設備が完工した時点で日本敗戦となりました。

日本窒素：日本は満洲国成立直後に満洲化学を設立しましたが，その華北版を日本窒素が実行しました。華北を第2の満洲と意識した当時の日本を現しています。企業化計画書によると，長期戦に備え華北の農業生産安定と共に，十分な肥料供給で民生安定のための計画です。同時に，アンモニアで硝酸生産を伴う火薬の軍需工場でもありました。

　華北での肥料事業必要性の青写真を描いたのは興亜院の華北連絡部です。興亜院は日本の中国占領地を統治する行政機構として1938年12月設立されたものです。興亜院の総裁は総理大臣でした。興亜院は占領地行政のため膨大な人員を動員して多方面にわたる調査活動をしました。華北における肥料計画はその中で生まれたものです。

　山西省が選ばれたのは原料石炭が豊富なためです。中国大陸は硫酸原料の硫黄源に乏しくそれは山西省でも同じでした。ただし，山西省は石膏が豊富なので石

膏から硫酸を生産することになりました。1942年日本窒素と北支那開発折半出資の華北窒素肥料が設立され，世界最大級の硫安工場建設が太原で始まりました。しかし，戦争が激しくなって資材の手配が出来なくなり，日本敗戦前に建設は中止されました。

　日本窒素OB有志による自費出版『日本窒素史への証言』（1977-87，全30集）の第1集では太原肥料工場建設に従事したOBの6名が建設当時の状況を伝えています。なお，当時，日本共産党の野坂参三が太原の北方にある延安の中国共産党の革命本拠地におり，野坂の自伝にも太原の肥料工場建設の話が出てきます。

日本化薬：1935年に帝国染料（現日本化薬）が，日系の維新化学工芸社を買収し，その上で社名を維新化学工業と変更して染料工場としました。

三菱化成：三菱化成は1937年にドイツ人経営の染料企業の青島鳳凰化学廠を買収しました。しかし，工場設備が老朽化しており，また，為替管理上の制約に加えて資材入手難のため，最終的には取りやめました。

　別途，上海で硫化ブラック染料を生産する徳康染料廠を利用して中国資本と折半出資で徳康化学を1941年に設立しました。既存工場を利用するので資材を持込む必要なく，徳康化学は木酢酸や硫化ブラック染料を生産して利益も出しました。しかし，経営方針で中国側と対立し，1944年出資引揚げました。

②接収した工場の経営受託
旭硝子：天津を占領した日本軍は永利のソルベー法ソーダ灰工場を接収し，経営は興中公司経由で旭硝子に委任されました。その後，興中公司の事業は北支那開発に吸収され，さらに，1944年軍の管理が解除されて，華北政務委員会40％，華北塩業20％，三菱化成[15]20％，北支那開発20％の日中合弁事業として運営されました。

　別途，旭硝子は，1922年に河北省秦皇島に設立されたものの経営不振に陥ったベルギーと中国の合弁の板ガラス工場の経営を1936年から引き受けました。旭硝子は大連の昌光硝子および日本の旭硝子から人員を派遣してこの会社の再建に成功しました。

三菱化成：三菱化成は，上海近郊で硫化ブラック染料を生産していた中孚興業化学製造廠の経営受託を1938年に引き受けました。上海は日中両軍が激しく衝突したため，工場は閉鎖されたままになっており，三菱化成はこれを中国中部市場における販売拠点とするつもりでいました。しかし，上海は治安問題が深刻であり，また，為替管理上の制約や資材入手難もあって，満足のいく企業経営はできませんでした。

東洋高圧：永利が南京に建設したアンモニア・硫安工場は1937年2月運転開始しました。不幸にも日中戦争がこの年7月始まり，操業開始したばかりの工場は日本軍に接収され，経営が東洋高圧に委託されました。その状況は第2章で述べたので略します。

味の素：日本陸軍は呉蘊初が上海に建設した味の素工場の天厨味精廠を接収し，その経営を味の素社に委託しました。経営を受託した味の素社は，工場設備をそのまま利用して生産を継続しました。工場は小規模ながら電解工場を持って比較的整備されており，1942年秋から操業を始めました。味の素をはじめアミノ酸液，味噌，苛性ソーダ，塩酸を少量ながら製造し，在留邦人や現地の厚生用に供給しました。

　呉蘊初は香港の天厨味精廠分工場で味の素を生産していました。陸軍は香港で接収した工場を同じく味の素社に経営委託しました。工場は1942年に香港食料工業廠と改称され，味の素社が営業を継続しました。

維新化学工芸社：中国語文献には，児島熊吉が経営する維新化学工芸社が上海の呉蘊初の電解工場を経営管理した，と書かれています。しかし，現時点では，維新化学工芸社に関しても児島熊吉に関しても関連資料不十分で状況不明です。

70　第1部　戦前

第5章
戦前中国の産業構造

　本章は第1部のまとめです。これまでの考察で，中国で近代化学工業がどのように発展してきたか，中国化学工業の発展は日本の中国進出でどのように制約されたか，他方，満洲の地ではヨーロッパの植民地経営と全く異なる経済建設がなされ，満洲国には戦前の世界最高水準の工場群が生まれたことをみました。このような考察に基づき，日本，中華民国，満洲国を対比して，戦前中国の産業構造をみます。

１．発達しなかった有機化学と電気化学

　戦前の中国では有機化学や電気化学は発達しませんでした。通常，化学工業は無機化学から出発します。経済発展が初期段階なら化学工業は酸・アルカリ工業で足ります。平易にいうと，初期の化学工業は酸・アルカリ工業といえます。有機化学が登場するのはその国の経済活動がある程度の水準に達してからのことです。

　長年，動植物の体（すなわち有機体）の活動から出てくる化合物は実験室では製造できないと思われてきました。有機化合物は人間が製造できないものとして無機化合物と区分されてきました。ところが19世紀になって有機化合物が無機化合物からも合成される発明があり，これにより従来の化学工業が大きく変化します。無機化合物は種類が数万ぐらいですが，有機化合物は100万もあります。複雑な現代社会の要求にこたえるには有機化合物に頼らざるをえません。

　原料面でみると，無機化学が鉱産物を原料とするのに対し，有機化学は石炭・石油・天然ガス等の炭化水素を原料とします。現代の化学工業では有機化学のウェイトが圧倒的に大きくなります。有機化学の展開は，経済社会が発達してその国の経済構造や需要が多様化して初めて成立します。戦前の中国で有機化学が発達しなかったのはある意味で当然でしょう。

　他方、同じく戦前の中国で発達しなかった電気化学については若干の考察が必

要です。上海市で電力供給が最も進んだのは公共租界であり，ここに工場進出がみられました。ところが，租界の豊富な電力供給が呼び水となった工場の規模は小規模のものが多く，大規模工場はすべて自家発電でした。

　また，中華民国に工業が発達した江蘇省でも，発電所の設置により既設の大工場が電化されたことはありませんでした。新たな大工場が豊富な電力の存在に誘発されて開設された実績はありませんでした。民族工業が最も発展した上海や江蘇省においても大規模工場建設は常に自家発電を考えねばなりませんでした。

　戦前の中国においては，安価な余剰電力があってその消化策として電気化学が発達した日本やアメリカ・カナダとは大きく異なりままました。このような電力事情のため，中国では電気化学も発達しなかったのです。

2．化学工業からの分析

　次に，中華民国，満洲国，日本の産業構造を，日本敗戦直前の中国大陸における化学工業データにより計数化して論じます。まず，主要化学品の生産量を把握せねばなりません。一国の経済活動が必要とする中間原料を供給する化学工業は，さまざまな製品を生産するので全体分析が容易ではありません。そこで，化学製品を大きな分類で分けて，その中から代表的な化学製品を選んで分析します。これにより大まかな全体像がみえてきます。

　経済発展が初期の段階では化学工業は酸・アルカリ工業で足ります。経済がさらに発展すると，電気化学が登場し，やがてアンモニアが企業化されます。これが一般的なパターンです。戦前においては石油化学は未だ勃興しておらず，当時の最先端技術はアンモニア工業でした。そこで，次のような手順で分析を進めます。酸・アルカリの代表として硫酸及びソーダ灰を選びます。中華民国には余剰電力が乏しく電気化学はないに等しい状態でしたので，計量化して比較する際は電気化学を除外します。アンモニア工業についてはアンモニアそのものを選びます。

　問題はこうして選んだ硫酸・ソーダ灰・アンモニアという３つの基礎的な化学製品の生産量の公式統計が存在しないことです。しかし，公式統計はなくとも当時の状況は把握できます。厳密な数字は得られなくとも推計が可能です。私の推計によれば，日本敗戦前の中華民国・満洲国・日本における硫酸・ソーダ灰・アンモニアの生産量は概略表5-1のとおりです。推計方法に関心を持つ読者は『化

72   第1部　戦前

学経済』2013年月1号をご覧ください。

　表5-1が示すのは中国大陸における満洲国の生産シェアの高さです。硫酸は81％，ソーダ灰では62％，アンモニアでは80％が満洲国で生産されました。大雑把にいうと，満洲化学工業は中国大陸全体の60-80％を占めたことになります。中国大陸全体の生産量を日本と比べると，硫酸で10分の1，ソーダ灰で3分の1，アンモニアで4分の1程度でした。

表5-1　中華民国満洲国主要化学品生産量

製　品	地　　域		生産数量(トン／年)	割合（％）
硫　酸	中　国	民　国	48,834	19
		満州国	212,987	81
		計	261,821	100
	日　本		2,494,409	
ソーダ灰	中　国	民　国	37,561	38
		満州国	61,414	62
		計	98,975	100
	日　本		269,665	
アンモニア	中　国	民　国	10,000	20
		満州国	40,000	80
		計	50,000	100
	日　本		187,944	

　この推計を，人民共和国の初期統計と比べることで，その連続性と妥当性をチェックしてみます。国家統計局工業交通物資統計司資料によると，人民共和国成立後の5年間(1949-53年)の硫酸・ソーダ灰・アンモニアの生産は表5-2のとおりです。硫酸が人民共和国成立前の水準に達したのは1953年，ソーダ灰は1950年，アンモニアは1953年です。本書における推計は，民国と満洲国の，それぞれ生産の最も高い時期を選んでなされています。それゆえ，人民共和国の化学生産は，これらの年以前に越えたことになります。

　したがって，中華人民共和国当局の表現を使うと，「1952年には化学主要製品の生産量が新中国成立以前の最高水準を回復するか，或いは超えた」となります。つまり，以上の推計は中華人民共和国の初期統計と整合性を持っているといえます。

表5-2　人民共和国初期主要化学品生産数量　（単位：1000トン／年）

	1949年	1950年	1951年	1952年	1953年
硫酸	40	69	149	190	260
ソーダ灰	88	160	185	192	223
アンモニア	5	11	25	38	53

出所：国家統計局工業交通物資統計司編（1985）『中国工業的発展統計資料
1949-1984』中国統計出版社，p.147。

3．中華民国／満洲国／日本の比較

　最後に，このような硫酸・ソーダ灰・アンモニア生産量推計の意味するところ
を分析します。目指すところは，この数字が戦前中国の産業構造をどう反映して
いるか，の分析です。そのために，表5-1で得た数字を，中華民国・満洲国・日
本の経済規模と対比します。植民地を含む戦前日本のGDP／GNP推計は未だ完
成していません。しかしながら，この分野での注目すべき推計作業がなされてい
ます。その研究業績を利用して，この3地域の経済規模を比較します。その目的
は，当時の中華民国と満洲経済の産業構造を，化学工業から大まかに鳥瞰するこ
とにあります。

　民国の1936年国民所得推計値GDP253億元，満洲国の1943年国民所得推計
値94億円，日本の1944年GNP推計値745億円を利用します。年次は，表5-1
と同様に，それぞれの経済規模が最大の時期を選びました。平価の換算は，
1936年の上海市場対日相場100元=102円，満洲円と日本円は1：1としてま
とめると表5-3が生まれます。

表5-3　経済規模との比較

	GNP／GDP		硫酸		ソーダ灰		アンモニア	
	数量	比率	数量	比率	数量	比率	数量	比率
中華民国	258	100	49	100	38	100	10	100
満洲国	94	37	213	435	61	160	40	400
日　本	745	289	2,494	509	270	710	188	1880

注：単位は金額が億円，数量が1000トン／年，比率は中華民国を100とした時の比率。
出所：一橋大学経済研究所（2000）『中華民国期の経済統計：評価と推計』アジア長期経
　　　済統計データベースプロジェクト，p.10；山本有造（2003）『「満洲国」経済史研究』
　　　名古屋大学出版会，p.264；日本統計協会編（1988）『日本長期統計総覧』（第2巻）
　　　日本統計協会，p.350；日本銀行調査局（1941）『外国経済統計』1941年9月号，
　　　p.123および表16-3より筆者作成。

74　第 1 部　戦前

　表5-3の示すところは次のとおりです。中華民国は経済規模で満洲国の2.7倍，日本の35％でした。しかし，化学工業からみると状況は大きく異なります。すなわち，硫酸生産では中華民国は満洲国の23％，日本の 2 ％であり，ソーダ灰ではそれぞれ63％と14％，アンモニアではそれぞれ25％と 5 ％です。

　視点を変えて中華民国と満洲国を日本と比べてみましょう。経済規模でみると中華民国は日本の35％，満洲国は日本の13％です。それに対して，化学工業の生産は，硫酸で中華民国は日本の 2 ％，満洲国は日本の 9 ％です。ソーダ灰ではそれぞれ14％，23％，アンモニアではそれぞれ 5 ％，21％です。経済規模では中華民国が満洲国を大きく上回っているにもかかわらず，硫酸でもソーダ灰でもアンモニアでも満洲国の生産が中華民国を大きく上回っています。

　これは満洲国経済が日本以上に化学工業に偏っていたことを示すものです。言い換えると，満洲が日本経済の重化学工業化の尖兵として工業開発されたことの反面でした。それゆえ，満洲に生まれた化学工業は中華民国型ではなく日本型でした。そして，日本以上に化学工業のウェイトが高い状態にありました。

第2部

計画経済時代

76   第2部　計画経済時代

第6章
日本敗戦後の中国東北地方

1．日本敗戦

　国家が戦争を始めるには宣戦布告をすることが国際法では必要です。宣戦布告を機として当事国間が戦争状態と認定され，戦時国際法規が適用されます。ところが，日中戦争の場合は「宣戦布告なき戦争」でした。1937年7月盧溝橋事件から1941年12月真珠湾攻撃までの時期は，日中双方それぞれの事情から宣戦布告をしませんでした。

　それにもかかわらず，戦闘行為が累積し，戦線が拡大し，長期にわたる全面戦争となったのです。それゆえ，戦時国際法は適用されず，建前のみですが，交戦相手国の同盟国や援助国を含め全ての国と平時の国際関係が維持されていました。このフィクションが崩壊したのが太平洋戦争の開始でした。

　日本軍の真珠湾攻撃の報を受けた蒋介石は直ちに対日宣戦を決定しました。対日宣戦布告により中国は連合国陣営の主要国家として日本と戦うことになりました。長年，蒋介石は自らは共産党への軍事攻撃に注力し，対日戦争はアメリカの軍事力を利用する戦略を描いてきましたが，アメリカは蒋介石が期待したようには行動しません。ところが，日本軍真珠湾攻撃で長年の蒋介石の戦略が功を奏したことになったのです。

　太平洋戦争が始まったため中国は連合国の一員となり，形式的にせよ中国はアメリカ・イギリス・ソ連とならぶ4大国の1つになりました。蒋介石は連合国軍の中国戦区における最高司令官になりました。戦局は1943年に既に日本に決定的に不利でした。勝利を確信した連合国側は，戦後世界の安全保障を話し合うようになり，中国はアメリカ・ソ連・イギリスと並んで4大国の一員として話合いに参加しました。

　1943年11月にカイロで開かれた米英中3国首脳会談では蒋介石が出席し，戦後の東アジア構想にも中国が参加して定められました。戦後の東アジアでの中国

の中心的役割が連合国内で承認されたのです。1945年連合国側の勝利は確定的になり，終結後の国際秩序を話合う米英ソ3カ国首脳会談が，2月に黒海の保養地ヤルタで開催されました。

　ソ連の対日参戦はこのヤルタで決まりました。当時の殆どの日本人は，今でも多くの日本人はそうですけれど，ソ連参戦は突如のものと考えています。しかし，当時の国際社会の認識ではソ連参戦は時間の問題でした。ルーズベルトもチャーチルもソ連の参戦をヤルタでスターリンに強く要請しました。ソ連はアメリカやイギリスの要請に応えて参戦した形なのです。しかし，当時の日本はそれを知りませんでした

　第3章で引用したアメリカ合衆国戦略爆撃調査団報告書によると，日本降伏の直接の要因は，アメリカの原子爆弾投下とソ連の参戦です。このうち，戦後の中国化学工業分析の視点では，ソ連参戦がより大きな影響を与えました。スターリンはヤルタ会談合意を根拠に満洲国に侵攻し，戦前日本が建設した産業設備を殆ど撤去してソ連に持ち帰ったからです。戦後の中国経済をみるにはソ連軍の東北占領を知る必要があります。

2．ソ連軍の東北占領

　ソ連軍は1945年8月9日未明から満洲国に侵入を開始しました。そして，2週間後の8月23日には，中国東北の全地域占領を宣言しました。東北を支配下においたソ連軍は，やがて主要工場の設備を接収します。同時に，その大部分を撤去してソ連領土内に搬送して，国民政府を大いに驚かせました。中ソ友好同盟条約の下でソ連がそのようなことをするとは思いもしなかったからです。

　ヤルタでは，対日参戦見返りに，ソ連の中国東北権益を認めた秘密協定が結ばれました。ソ連はヤルタ会談及びこの秘密協定により国民政府と急遽交渉をして，8月14日モスクワで中ソ友好同盟条約が結ばれました。しかし，ソ連軍の設備撤去・搬出は，ヤルタ会談と中ソ友好同盟条約が規定する内容を越えるものでした。

　ソ連軍が設備の接収・撤去をした根拠は，日本が満洲で経営した工場をソ連の「戦利品」とみなしたからです。蒋介石の回想によると，ソ連は「戦利品」問題に関して①日本が経営する工場はソ連の戦利品とみなす，②中国人が経営する工場は中国政府に引き渡す，③合弁の工場は中ソ交渉で解決する，と提案をしました。

78　第2部　計画経済時代

　また，アメリカのケナン代理大使は，国務長官あて公電でモロトフソ連外相の言葉を引用し，ソ連のいう「戦利品」は①関東軍に役立った全ての資産を意味する，②いかなる資産が「戦利品」かを判断する権利はソ連のみが持つ，③交渉中の「中ソ合作工業公司」は満洲企業の一部を含むにすぎない，と述べています。

　日本敗戦後，アメリカは旧満州国産業設備を戦後日本賠償原資にするため，調査団を派遣しました。いわゆるポーレー調査団です。これに先立ち，1945年末国民政府の東北行営経済委員会が，瀋陽の残留日本人組織の東北工業会と日僑善後連絡総処に対し，ソ連軍による被害調査を依頼していたので，ポーレー調査団はこの調査を参考しました。

　短い期間と国共内戦で十分に調査できなかった部分を補うために，米国領事館は高碕達之助[16]に留用日本人の手による再調査依頼をしました。高碕は再調査要請に応じ「蘇聯軍進駐期間内ニ於ケル東北産業施設被害調査書」を作成しました。日満商事企画部で満洲化学工業の配給統制実務に従事した佐伯千太郎はこの調査書の作成で化学工業を担当し，同時に，主任補佐として主任の久保を全般的に補佐しました。

　主任の久保の補佐役である佐伯は，調査期間は約半年間，各専門家はポーレー報告書の原文コピーを持って現場を再調査，報告書作成打合せに領事館を十数回訪問，被害総額は大幅増額され約20億ドルに修正されたと記しています。

　この調査報告は米国領事館よりワシントンに送られ，ワシントン経由日本にも届けられました。領事館が謝礼として高碕に15万円を渡したと書かれており，当時の15万円は巨額であることから，留用技術者の再調査をアメリカが高く評価したのがわかります。

　表6-1はその被害状況です。被害が最も大きいのは電力2.2億ドル，次いで鉄鋼2億ドルです。化学は液体燃料・潤滑油を含めて1.8億ドルで表面的には鉄鋼に次ぐ金額です。しかし，非鉄金属はアルミ精錬が中心なので化学に非鉄金属を加えると2.4億ドルです。化学は電力や鉄鋼を超えた最大の被害部門でした。

　なお，「蘇聯軍進駐期間内ニ於ケル東北産業施設被害調査書」によると，ソ連軍は，産業設備を撤去した人物名・梱包状態・輸送先等を，克明に記載しています。ソ連軍の設備の接収・撤去は，「東北における産業の減殺を企図したもの」とも推測できるものの，破壊を企てたものとは考え難いと報告しています。ソ連軍の撤去目的は，自国内での再利用を目的にしたものとして間違いないでしょう。

表6-1 ソ連軍による東北鉱工業設備の破壊推定額

	ポーレー調査団推定		留用技術者推定	
	撤去額（千米ドル）	設備能力減少（%）	撤去額（千米ドル）	設備能力減少（%）
電力	201,000	71	219,540	60
炭鉱	50,000	90	44,720	80
鉄鋼	131,260	50-100	204,052	60-100
鉄道	221,390	50-100	103,756	
機械	163,000	80	158,870	68
液体燃料・潤滑油	11,380	75	40,719	90
化学（化学）	14,000	50	74,786	34
化学（食品工業他）			59,056	50
セメント	23,000	50	23,187	54
非鉄金属（含鉱山）	10,000	75	60,815	50-100
繊維	38,000	75	135,113	50
パルプ・紙	7,000	30	13,962	80
ラジオ・電信・電話	25,000	20-100	4,588	30
合 計	895,030		1,233,167	

注：留用技術者推定の撤去額の合計は銀行関係を加算せず。
出所：東北日僑善後連絡総処・東北工業会（1947）「蘇聯軍進駐期間内ニ於ケル東北産業施設被害調 査書」『張公権文書』（R10-30），総3-3。

　ソ連は設備接収・撤去に続き，満洲の工場はソ連への軍事目的のなので安全保障から軍需工場を手放せないと主張し，満洲の産業資産をもとにした経済合作を国民政府に求めました。いわゆる「中ソ合作工業公司」計画です。

　1896年露清同盟条約，1945年中ソ友好同盟条約，1950年中ソ友好同盟相互援助条約と３条約での仮想敵国は日本です。1945年夏の中ソ友好同盟条約でも，日本再起に備えた国防計画をスターリンは説明しています。スターリンの論理では将来復活する日本を仮想敵国とみなすのがソ連の対日対策で，その具体化が「中ソ合作工業公司」計画でした。

　中ソ友好同盟条約では日露戦争時にロシア所有の在満鉄道は，中ソ共同経営下におくことで合意されており，中ソ合弁の中国長春鉄道公司に問題はありません。しかし，中国長春鉄道公司以外の「中ソ合作工業公司」計画は大問題です。数次の予備交渉を経てソ連軍経済顧問スラドコフスキー大佐が正式に「中ソ合作工業

公司」を提案しました。

　ソ連が送付した中ソ合弁希望事業一覧表には，オイルシェール，石油精製を含む8化学工場，アルミ工場が含まれています。これに対し国民政府は，中国東北領土内の旧日本鉱工業資産は全て中国の所有物であるが中ソ友好の観点から本渓湖鋼鉄廠と一部の機械製造廠等は合弁協議の用意あり，と答えました。しかし，交渉は進展しません。

　1946年2月米英ソがヤルタ秘密協定を公表すると，中国は自らの関与しない秘密協定に大きな衝撃を受け，非難はソ連に集中しました。中ソ友好のシンボルとされた中ソ友好同盟条約が，中国抜きの秘密協定確認のためのものであったことが分かったからです。

　ソ連参戦に続く設備撤去や合弁要求は中国国民の敵愾心をあおり，ヤルタ協定は「精神的原爆」であるとして反ソ運動が盛り上がりました。こうして中ソ経済協力交渉は先細りします。1945年11月下旬予定のソ連軍撤退が大きく遅れ最終的に1946年4月になると，それと共に中ソ交渉は自然消滅しました。

3. 日本・中国・アメリカの政府報告

　ここで，戦争の当事者であった日本・中国・アメリカの政府報告を概観します。

①日本

　日本政府の記録は大蔵省管理局編纂の『日本人の海外活動に関する歴史的調査』です。序文によると，直接的には連合国への賠償責任のために執筆され，日本の海外事業の敗戦時の状態と評価に関する基礎調査が主です。序文は引続き，「侵略とか略奪の結果ではなく、日本及び日本人の在外資産は、原則としては、多年の正常な経済活動の成果であったことを明らかにする」ことを心がけた，と述べています。

　人口・貿易・文化・現地産業の状況等広い視野から，経済史的見地で，旧領土と本国との経済的関連が記述されています。全巻35冊のうち通巻22冊-25冊が満洲篇で，人口・自然・政治・経済・産業等幅広く記述されています。通巻23冊の第6章が鉱工業でここに化学工業の状況が書かれています。通巻26冊が北支篇，通巻27冊が中南支篇ですが，北支篇も中南支篇も化学工業に関する記述

は殆どありません。

　日本政府の記述は，次にのべる国民政府の『東北経済小叢書』やアメリカ政府のポーレー報告書と比べると，個別産業に関する内容は限られています。満洲の化学工業に関しては通巻23冊第6章の鉱工業の欄で記されています。しかし，単に5ページで概要が書かれているのみで，満洲化学工業のごく一部が書かれているに過ぎません。記述は人造石油・オイルシェール・アンモニア・タール・酸・ソーダ等の概説です。

　ただし，主要化学製品の需給や硝酸や硫安生産におけるアンモニア原単位数字など，部分的に貴重な情報もあります。そのため，特定の目的を持った化学工業の分析作業には有意義です。また，設備能力・需給等に関しては，系統だってないので欠点もありますが，一部に詳細な数字があります。ただし，需給数字にはいくつか不整合があります。

②中国

　ソ連軍の東北撤退後，大連を除く主要な化学工場を接収したのは国民政府です。大連を除くのは内戦期も大連はソ連軍が占領継続したからです。国民政府は1946年7月東北行営委員会[17]を設置し，戦後東北復興の体制整備を図りました。東北行営委員会は下部組織として東北物資調節委員会を設け，物資調達と生活必需品産業の復興を目的として末期満洲国の産業調査をしました。その調査結果が『東北経済小叢書』です。

　『東北経済小叢書』は旧満洲国産業を熟知した日本人留用者が執筆し，それを中国語に翻訳して編纂したものと思われます。各巻の記述は制度的政策的な個所は簡単ですが，資源，技術，生産統計は詳細です。東北経済を運営せねばならない東北物資調節委員会にとって，東北経済の産業構造や生産能力や技術水準などの知識が必要でした。『東北経済小叢書』はそのためのハンドブックとして編纂されたと思われます。

　『東北経済小叢書』第11巻が化学工業です。東北地区における硫酸・ソーダ・硫安・硝酸・爆薬・油脂・アルミ・電極・合成ゴム・コークス・オイルシェール・人造石油・気筒油等の状況が，その発展経過と共に，上巻・下巻と2冊に分かれて詳細に叙述されています。当然に，その内容は本書でのべた満洲化学工業の姿と同じです。ソ連軍による設備の被害状況欄は表6-1の「留用技術者推定」蘭とほぼ同じです。

82 第2部 計画経済時代

③アメリカ

アメリカは満洲国工場設備を賠償に当てる方針をたて，ポーレーを団長に調査団派遣しポーレー報告書が作成されました。上述の『日本人の海外活動に関する歴史的調査』や『東北経済小叢書』は入手しにくとも，読んで引用するのに便利です。しかし，ポーレー報告書はちがいます。国会図書館本館4階憲政資料室にマイクロフィッシュで所蔵され，細かな字の英文マイクロフィッシュを読むのは，時間がかかる苦労の多い作業です。

ポーレー報告書によると，調査団は1946年5月末瀋陽を本拠地に活動を開始しました。旧日系工場を接収した国民政府東北行営委員会が全面協力し，調査団は個々の工場を訪問して投資額，生産能力，設備の状況を調べ，被害状況を明かにしました。工場ごとに日本敗戦時の状況を記しており，利用価値が高い史料です。

ポーレー調査団は現地調査調査を終えるとすぐ東京経由帰国し，ポーレーは帰国後トルーマン大統領に簡単な報告をした後，正式な大統領宛報告書を提出しました。ポーレー報告書には，調査団が訪問した工場について1ページから数ページの記述があります。個別企業の敗戦時の状況をみるのに価値のある情報が記載されています。

4．再び国共内戦

中ソ友好同盟条約締結交渉時の合意では，ソ連軍は日本降伏後3週間以内に撤退を開始し遅くとも3カ月で撤退完了するはずであり，ソ連はこのことを1945年9月2日日本の降伏文書調印時にも言明していました。しかし，諸々の事情から撤退は再三延期されます。やがて，国際社会の圧力や中国国内での反ソ運動で1946年3月から撤退を開始しました。ソ連軍の撤退は，大連地区を除いて，5月には撤退をほぼ完了しました。

ソ連軍が撤退すると，東北の都市は国共双方の争奪の対象となります。撤退直後は共産党がその跡を継ぎましたが，間もなく国民党軍の攻撃を受けて各地で激戦となりました。共産党は華北の八路軍部隊を東北に入らせて，「北進南防」方針の下に，東北に兵力を集中して南方では防戦に徹する戦略をとりました。

当時の中国を代表したのは蒋介石の国民政府です。スターリンの人物評価は毛沢東より蒋介石の方が高くソ連と共産党との関係は複雑でした。ですが，共産

党軍は東北各地で遭遇したソ連軍から旧日本軍の武器弾薬を入手し，都市進駐の便宜を受けました。「北進南防」戦略はソ連軍現地部隊の協力と黙認で成功したといえます。

　しかし，遅れて東北に入った国民党軍は，アメリカの強力な軍事援助下で，東北の支配地域を次第に拡大しました。共産党は 1946 年 5 月四平での敗戦を境に松花江以北に撤退し，松花江以南は国民党が支配します。東北は松花江を境に南北に分かれて国共対立が続きました。長春・吉林以南にでは国民政府の日系企業資産接収や行政機構整備が進み，一種の「相対的安定期」が生れました。

　「相対的安定期」は，ソ連軍が駐留継続した大連を除き，満洲化学工業の中心地吉林，撫順，瀋陽，錦西，錦州は国民政府が支配して日系企業の接収や行政機構の整備が進みました。張公権を主任委員とする東北行営経済委員会は，本部を瀋陽に，分行を長春に設置して経済資産の接収や経済活動の再建に取組みました。

　「相対的安定期」は共産党の軍事攻勢が始まる 1947 年春まで続き，石炭，電力，鉄鋼，化学中心に復興がなされました。化学工業で注目すべきは，台湾のソーダ企業台湾鹸業公司からの設計図で，満州曹達開原の電解工場が錦西に移設されたことです。

　台湾では台湾鹸業公司の旧旭電化高雄の電解工場が敗戦後すぐ再建されて 1946 年生産開始したのですが，同じ旭電化技術の満州曹達開原工場の錦西への移設にその設計図が利用されているのです。旭電化の社史に，敗戦後高雄工場で工場長以下が残留して復旧に技術協力し，運転再開後は高雄工場長が満洲曹達に転任した，と書かれています。

　錦西への電解工場移設で台湾から協力支援を受けたことは，東北復興が国民政府の大きな方針のもとになされたことを物語ります。錦西はこの電解工場移設を機に化学工場に生まれ変わり，それは中華人民共和国に継承され，中国化学工業の発展に大きく貢献します。より詳しくは次章で論じます。

5．いち早く始まった大連の復興

　ソ連軍管轄下の大連は戦後東北の中では特異です。満洲化学工業が最も発達した都市の一つ大連は一貫して共産党主導下で復興がなされました。大連はソ連軍の設備接収と撤去はあったものの，内戦に直接巻き込まれていません。

84 第2部 計画経済時代

　注目すべき企業は建新公司です。大連の生産活動は1947年から徐々に再開され、ソ連軍管轄下の大連で次第に実権を持った共産党は、1947年7月に満洲化学・満洲曹達・大華工業（鉄鋼）等の旧日系化学工場を統合した建新公司を設立しました。

　共産党は農村出身者が殆どで、一部の都市出身者も馴染みのある工業は手工業や小規模工場制工場です。大連の近代工場をどう管理運営するかは共産党の一大問題でした。中国人科学技術者の絶対数が不足していたのを熟知していた共産党は、日本人技術者に注目して活発な留用[18] 工作をしました。

　それに応じた日本人技術者は、復旧作業への協力のみならず、建新公司の運営でも協力しました。京都大学に留学中に中国共産党に入党し、帰国後は新四軍の政治部の敵工部副部長となり、1946年からは共産党の華中建設大学校校長兼党委員会書記であった李亜農が大連に派遣され、残留日本人技術者の留用工作にあたりました。

　また、大連での共産党の工作活動は華東局が担当したのですが、華東局は李一氓を建新公司の政治委員に任命し、建新公司の円滑な運営に当たらせました。李一氓は建新公司の副総経理でもありました。李一氓は通常業務には関与せずに政治活動に専念し、技術を持った専門家を中心とした工場運営で生産性をあげるように努めました。

　旅大地区委員会副書記兼財経委員会主任でもあった李一氓は、大企業運営に経験のない工場責任者が専門知識を持つ技術者を尊重するように配慮し、そして、建新公司の企業運営管理を監督者としてその生産活動を支援しました。建新公司は内戦中の過渡的な組織だったので、新政府が生れるとその役目を終えて1951年1月に廃止されました。

6．東北で勝利した共産党が大陸制覇

　「相対的安定期」は約1年で終わり1947年夏から再び軍事衝突が激しくなります。アメリカ支援下で国民党軍は優勢でした。しかし、共産党は国民政府軍への政治的な働きかけが巧妙であり、それが奏功して多くの国民党兵士が戦わずに共産党軍に投降するようになります。また、農村での土地革命がある程度成功して兵士と食料の確保が容易になったのも大きく、戦況は次第に共産党軍優位に変

わります。

　1948年5月中国共産党とソ連の関係が好転してソ連が東北の共産党軍に軍事的・技術的支援を始めると，共産党軍の優位はさらに高まりました。そして，1948年11月遼瀋戦役に勝利すると，東北は事実上共産党の支配下になったのです。遼瀋戦役で共産党の東北軍を率いて勝利に導いたのが林彪でした。

　遼瀋戦役は共産党軍が国民党軍と正面から衝突して勝った最初の戦いです。それまでの共産党軍はゲリラ戦で，国民党軍の攻撃には専ら逃げて正面から反撃はしません。遼瀋戦役はそれまでの軍事衝突と質的に大きく異なります。東北で勝利した共産党軍は次に華北に入り北京・天津でも勝利を収めます。いわゆる平津戦役です。林彪率いる東北軍は平津戦役でも活躍し，東北軍は第4野戦軍と改称されました。

　平津戦役で勝利した共産党軍はさらに南下し淮海戦役でも勝利します。淮海戦役を勝利にしたのは陳毅元帥の第3野戦軍で，鄧小平もこの淮海戦役で活躍しました。遼瀋戦役，平津戦役，淮海戦役は国共内戦の3大戦役といわれ，双方の主力部隊が実際に正面衝突したのはこの3大戦役のみです。最も激しい戦闘は淮海戦役でした。地の利と人数で共産党が優位の遼瀋戦役と平津戦役と比べ，淮海戦役はそうではありません。

　淮海戦役の勝利に貢献したのは，満洲化学・満洲曹達を主体に再構築された大連の建新公司です。建新公司は総力をあげて火薬や砲弾を生産しました。何長工東北軍区軍工部部長は回想録で，淮海戦役の勝利は大連の砲弾と山東人民の手押し車の賜物である，とのべています。その意味は，大連の火薬や砲弾が国民政府の包囲網をかいくぐって山東半島東端の港・俚島に陸揚げされ，そこから手押し車で戦地まで輸送されたことです。

　淮海戦役の結果，長江以北の華東と中原が共産党軍の影響下になり，中華民国の政治的中心都市南京や経済的中心都市上海でも共産党軍の存在感が強まりました。戦闘で蒋介石直系の黄埔軍系の損失が大きく，国民党軍の戦力低下を招きました。共産党軍の長江渡河作戦を容易にし，さらに長江以南でも平和的に共産党の勢力が確立するのを許したのです。こうして1949年の初めには中国大陸全土が共産党の支配下に入りました。

第7章
3年復興と第1次5ヵ年計画

1. 重視された化学工業と東北復興

　1949年以降1994年までの化学関連重要会議，人事，建設プロジェクト，貿易等を編年体で記した『中国化学工業大事期（1949-1994）』によると，劉少奇中国共産党副主席が1949年5月天津の永利ソーダ工場視察をし，范旭東の後継者で世界的化学者の侯徳榜の北京来訪を要請しています。ソーダ工場技術指導のためインド出張していた侯徳榜の帰国後，周恩来は永利の北京事務所に侯徳榜を訪ね，帰国した侯徳榜をねぎらっています。

　1949年7月毛沢東が侯徳榜を接見しました。経済復興のための侯徳榜の意見を傾聴し，戦後の経済建設協力を要請しました。周恩来は民族資本を代表するもう一人の呉蘊初を北京で接見しました。写真7-1は化学業界首脳陣を接見する毛沢東の写真です。

写真7-1　化学業界首脳陣を接見する毛沢東

中央政府の化学工業管轄部門および中央政府直属の化学企業首脳陣を接見する毛沢東。右は周恩来，左端は鄧小平。
出所：《当代中国》叢書編輯部編（1986）『当代中国的化学工業』
　　　中国社会科学出版社，巻中写真。

新政府は東北に国家資源を集中投入しました。東北は大都市や大工場があって鉄道網が発達し，農業も内陸部農村と異なり生産力に富んでいました。生産現場混乱による生産停滞が激しく，技術者不足と現場経験不足が深刻でした。上海など工業が発達した都市の人材が東北に投入され，海外在住の専門家や留学生にも帰国を要請しました。

復興期東北の化学工業の重視性は上述『中国化学工業大事期（1949-1994）』の国家指導者の動きでもわかります。朱徳国家副主席が1950年2月全国化学工業会議に出席して化学工業の重要性を述べ，工場復旧で生産拡大を図る基本方針を表明しています。3月毛沢東と周恩来が瀋陽訪問，朱徳は吉林の化学工場視察です。1951年7月周恩来・鄧穎超夫妻，1952年宋慶齢が（満洲化学と満洲曹達を統合した）大連化学廠を訪問しました。

以上の新国家首脳陣の行動は東北の化学工業復興が経済再建に不可欠であったことを物語ります。なお，周恩来・鄧穎超夫妻や宋慶齢を大連化学廠に迎えた秦仲達は1980年代に化学工業部長を務め，新中国の化学工業発展に貢献しました。

東北復興は瀋陽の東北人民政府工業部（東北工業部）と，新政府成立後に生まれた北京の重工業部による2元管理下でなされました。初期に素早く対応したのは東北工業部で，瀋陽に化学公司を設立して化学工場を接収し，一早く東北復興に取り組みました。復興をオイルシェールと人造石油を事例にみましょう。

日本と満洲国は技術的に困難でも量的制約のない人造石油を重視しましたが，新政府はオイルシェール復興に注力しました。それはオイルシェールが技術的に容易であり，撫順以外にもオイルシェール資源があったからと思われます。新政府がオイルシェールを重視したのは当を得たものでした。1952年オイルシェール石油生産は満洲国時代の水準をほぼ達成する22万5000トンで，同年の全中国石油生産51.6％になりました。

一方，人造石油は5工場（撫順・錦州・吉林・四平街・奉天）のうち，低温乾留法の四平街を除くと，撫順・吉林・奉天は直接液化法，錦州は間接液化法です。錦州は完工したものの建設資材不足やコバルト触媒手当難で生産実績をあげていません。ところが，新政府は錦州に資金と人材を優先投入し，1951年石油生産を始めました[19]。

錦州以外は人造石油工場としては再建されません。撫順はその水添技術が評価されて，重質の大慶原油の水添技術基地となりました。吉林は満洲電気化学と統合されて吉林化工廠となりメタノールと肥料工場に転用されました。奉天は瀋陽

化工廠の一部となり，四平街は電解工場が建設されてカーバイド・塩ビ工場になりました。

　東北以外で化学工業が発達したのは天津・上海・南京・四川です。天津を中心とする華北は，東北と同様，華北人民政府が化学公司を天津に設立します。しかし，国民党の影響が強かった上海・南京・四川・重慶は化学公司を設立せず，後述の公私合営で民族資本を取り込みます。新中国は急速な国有化政策を取らずに所有権を認め，国家出資分のみを政府所有とする公私合営の道を選択しました。

2．日本人技術者の留用

　日本人技術者の帰国は戦後復興に悪影響を及ぼします。一定期間は留めて復興協力させることが必要なので，国民政府は日籍技術工員徴用実施弁法を作成して通達し，日本人留用者に関する法的根拠としました。原則が4つあります：①留用は本人志願による，②身分は対外的には留華服務で対内的には徴用，③職務は技術工作で経理・廠長等行政職務には任用しない，④待遇は中国同等職員待遇と同一。

　この根拠法制定の背景は，アメリカが人道的見地から民間日本人徴用に懸念を示したため，と言われます。共産党も国民党の留用原則を踏襲しました。留用技術者に関する資料は乏しく，その上，資料間に整合性が欠けていて，正確な留用技術者の数は未だ不明です。新しい研究成果によると，留用技術者数は最も多い東北で3-3.5万人，最も多いのは大連の満鉄中央試験所でした（写真7-2）。

　満洲国高官が国宝と呼んだ丸沢常哉を始め，歴代所長には日本の化学技術最高権威者が就任し，満鉄中央試験所には優秀な日本人技術者が数多く集まっていました。彼等は自ら希望して中国に残留して経済建設に貢献した者が少なくありません。第1次5ヵ年計画でソ連人技術者がくるまで，このような留用技術者が復興経済に貢献しました。

　ソ連は満鉄中央試験所を高く評価し，満鉄中央試験所をソ連科学アカデミーの傘下に入れることを検討していたそうです。しかし，中国新政府も満鉄中央試験所を高く評価し，中国は高額の対価を支払ってソ連から満鉄中央試験所を買取りました。

写真7-2　満鉄中央試験所
日本の満洲開発初期から現在に至るまで重要な化学関連研究開発拠点であり続ける往事の旧満鉄中央試験所全景。その後身である現在の中国科学院化学物理研究所は，満洲国時代と同じ場所にあって，日系企業の多くが入居する森ビル（森盛大厦）と同じ道路（現在の中山路，満洲国時代は伏見町）沿いにあり，森ビルから数十メートルの距離にある。
出所：丸沢常哉（1961）『新中国生活十年の思ひ出』，巻中写真。

　新政府が中華民国の研究機関を統合改組して中国科学院を設立した際，満鉄中央試験所もその一部門になりました。満鉄中央試験所の組織は，大連大学科学研究所，東北科学研究所大連分所，中国科学院応用化学研究所，中国科学院石油研究所，中国科学院化学物理研究所（大連化物所）と名前は度々変わりましたが，中華人民共和国成立してから今日まで，一貫して中国科学院の重要な研究部門です。

　一時期，中国科学院石油研究所と改名されたのは，中国科学院がオイルシェール石油開発や人造石油研究を優先したためでしょう。大連化物所から分かれた研究開発組織に，蘭州の中国科学院石油研究所蘭州分所と中国科学院石炭化学研究所があります。蘭州は計画経済時代の石油化学技術開発の中心地でした。蘭州における技術開発は，合成ゴムのクロロプレン技術開発の事例が示すように，満洲国技術の影響を受けています。

　その他，大連化物研は航空燃料・触媒・色素・イオン交換膜等々の国家技術開発の中心地で，中央政府や共産党の指導者が現在も数多く訪問します。例えば，江沢民が1999年に（写真7-3），胡錦涛が2002年に大連化物研を訪問しました。

　1935年新京（長春）に設置された大陸科学院も重要です。農業関連や化学をはじめとする工業関連の基礎研究がなされました。ハルビンに分院を設置して満

洲北部でも研究活動を行ないました。大陸科学院の研究者の半分以上は化学関連の研究者で、大陸科学院の評価も化学を「最強」としています。大陸科学院も中国科学院の管轄下に入り、現在は中国科学院長春応用化学研究所として幅広い研究活動に従事しています。

このほか、工場現場での人材供給に貢献した旅順工科大学も忘れてはなりません。旅順工科大学は、明治期に創設された旅順工科学堂が、大正期に大学に昇格したものです。満洲国が成立すると化学工業の重要性が一段と認識され、旅順工科大学には化学科が創設されて化学の教育強化が図られました。

写真7-3　江沢民が訪問中の大連化物研
1999年8月に中国科学院大連化学物理研究所を視察した江沢民。
出所：前掲中国科学院大連化学物理研究所，巻頭写真。

3. 社会主義経済への歩み

新中国建国理念は中国の独立・民主・平和・統一および富強をめざした人民民主主義で、中国革命を支えた広範な民族統一戦線を基盤にしました。新政府は新民主主義による経済発展を目標とし、共産党が国家運営を主導するとはいえ、当初から社会主義国家を目指したのではありません。国家副主席6名のうち3名（孫文夫人の宋慶齢、民主同盟の張瀾、国民共革命委員会の李済深）が共産党以外なのが象徴しています。

しかし、民族資本の一部に委託加工・発注契約を拒否するなどが出てきました。他方、党幹部の汚職・浪費・官僚主義に対し「三反」運動を展開しましたが、

「三反」運動をきっかけに，旧資本家階級の贈賄・脱税・横領・手抜工事・国家経済情報漏洩に対する「五反」運動なりました。この三反五反運動を経て中国は次第に共産党独裁に転じます。

その背景の一つは緊迫した国際政治情勢です。朝鮮戦争，スターリン批判，ハンガリーでのプロレタリア独裁抵抗運動等から，共産党は次第に危機感を持つようになりました。その結果，次第に当初の建国理念と乖離して社会主義への早期移行に着手します。1957年反右派闘争では共産党以外の勢力を政権の外に排除しました。経済では公私合営で企業国有化が進みました。その実態を化学工業を代表する永利の事例でみます。

天津市資料によると永利との交渉がまとまり1952年6月公私合営協議書が調印されました。翌年7月永利の発祥事業である塩業を営む久大製塩廠の公私合営化も合意に達し，永利と久大が合併して一体運営がなされ公私合営永利・久大化学工業公司沽廠と改名されました。研究開発部門の黄海化学工業研究社は中国科学院に編入されました。

このような動きの中，国有化への準備体制が進行します。すなわち，毛沢東は1953年9月開催の全国政治協商会議において，主要な民族資本の経営者に公私合営への協力を要請しました。永利は公私合営化された旧民族資本企業の第一号でした。そして，1954年に毛沢東が永利の天津ソーダ工場を訪問します（写真7-4）。

写真7-4　天津ソーダ工場を視察中の毛沢東

工場視察中の毛沢東（右から2人目）。永利のソーダ工場は天津鹼廠と改名し新政府と従来の株主の合弁で公私合営化された。
出所：《天津鹼廠》編纂委員会（1997）『天津鹼廠：全国百家大中型企業調査』当代中国出版社，巻頭写真。

92　第2部　計画経済時代

　公私合営化のプロセスで中央政府は永利のソーダ増設資金として1529.2億元を投入し，社会主義改造を受け入れやすい環境を作りました。旧民族資本家は公私合営化後29％を保有し5％の「定息」（一定の配当金）を受け取ります。「定息」は7年間支払保証で3年間延長可能です。ただし，「定息」を払うかどうかは政府が決定します。

　公私合営により永利の株式の出資構成は**表7-1**のように変化しました。旧株主が形式的には3割近い株式を持つものの，永利は中央政府直轄の企業です。事実上は国有化されたと同じです。公私合営化の実体は民族資本の国有化に他なりません。

表7-1　永利の出資構成変化　　（単位：％）

年	旧民族資本出資	中央政府出資
1951	84.2	15.8
1952	65.4	34.6
1953	64.7	35.3
1954	64.7	35.3
1955	29.0	71.0

出所：《天津鹸廠》編纂委員会（1997）『天津鹸廠：全国百家大中型企業調査』当代中国出版社，p.45。

　公私合営はその他の化学企業でも推進され，1955年には84％が国営・協同組合経営・公私合営によりました。他の産業においても共産党主導の下で新政府が公私合営を推進し，ほぼ全ての産業分野で1956年に完了しています。通常，公私合営がほぼ完成した1956年をもって，中国経済の社会主義改造が基本的に完成したとします。より平易にいうならば，中国は1956年から社会主義経済に移行しました。

4．「ソ連一辺倒」と留用技術者の帰国

　新政府を樹立した共産党にとってソ連との関係は何よりも重要でした。同時に，ソ連にとっても，強固な中ソ同盟は自らの国家安全保障に重要なことでした。新

しい中国の成立により国際舞台における社会主義の力が強まり，さまざまな面で重大な変化を生じさせつつあったからです。

1949年12月毛沢東はモスクワでスターリンと会談しました。スターリンの人物評価は毛沢東より蒋介石の方が上で，両者の関係は良好ではないと言われます。交渉は難航しましたが，スターリンが最終的に譲歩して1950年1月合意します。問題の多い1945年8月の中ソ友好同盟条約が廃止され，1950年1月周恩来が訪ソして中ソ友好同盟相互援助条約が調印されました。

ソ連は新しい友好条約締結で中国の国家主権を尊重し，中国の国家安全を保障し，台湾問題でも中国に支持を与えました。加えて，中国の第1次5ヵ年計画にさまざまな支援を約束しました。これにより中国は「向ソ一辺倒」に向かったのです。毛沢東・スターリン会談では，中国東北に中ソ以外の第3国を入れないことをスターリンが要求し，毛沢東は同意したと言われます。中ソ以外の第3国とは勿論日本のことです。

第1次5ヵ年計画ではソ連が個別プロジェクトに多くの意見を述べています。そもそも東北の工業化歴史は帝政ロシアの東清鉄道の建設から始まり，ソ連にとって東北は中国大陸で最も馴染みのある地域です。日本敗戦後は東北を軍事支配して大量の工場設備を自国に持ち帰りました。ソ連は東北の工業化を相当認識していました。第1次5ヵ年計画のソ連の助言に東北立地が多いのはごく自然なことといえます。

第1次5ヵ年計画はソ連に多くを依存して「ソ連一辺倒」の道を歩み，「ソ連一辺倒」政策により日本人技術者優遇策は終了します。東北の旧日系化学工場の復興は，撫順のアルミ工場を除いて，1952年には全て完了していました。言い換えると，撫順のアルミを除き，日本人技術者の役割は完了していたのです。ソ連は，技術援助の条件として，数多く残留していた日本人技術者の帰国を要求したと考えて間違いないでしょう。

1952年留用技術者に帰国命令が出ました。入れ替わり翌1953年から多くのソ連人技術者が中国に滞在するようになりました。満鉄技術陣を代表して日本敗戦後も中国に残留した丸沢常哉は，この間の事情を次のように分析します：

「中央政府は昭和28年（1953年：引用者注）から第1次5ヵ年計画を実施する方針を定め，ソ連の援助によって重工業を主とする多数の工場建設を開始し，ソ連の技術者が続々と招聘された。ソ連の技術を導入した工場に日本人が勤務して，その実際を見聞することはおそらくソ連の好まぬところであろう」。

5．復興計画と第1次5ヶ年計画の関連性

　1948年東北人民政府が誕生し，東北工業部が復興準備に入ったことをのべました。同時に，1949年1月ソ連共産党政治局委員ミコヤンを迎えてソ連援助による経済再建準備を開始しました。1949年12月毛沢東が訪ソしてスターリンに復興協力要請したことものべました。1950年2月毛沢東帰国後は李富春がモスクワで交渉を継続しました。

　1951年2月共産党中央政治局拡大会議で1953年から第1次5ヶ年計画に入ることが決まります。計画責任者の周恩来が1952年8月訪ソして計画の大綱を打ち合わせ，李富春が中心となり個別計画の交渉を継続しました。李富春がソ連とまとめた計画内容は1952年9月承認され，以後，個別プロジェクトが具体化します。

　他方，東北工業部は新政府成立を待たずに復興作業に入り，遼寧省では大連・錦西・瀋陽の化学生産が回復して，アンモニア・ソーダ灰・カセイソーダ・硫酸・硫安・硝酸・硝安・潤滑油・染料・塗料等で顕著に回復しました。吉林省でも同様でした。そして，1953年から第1次5ヶ年計画による本格的な建設工事が始まります。

　第1次5ヶ年計画の156重点プロジェクトのうち，実際に実行されたのは150項目です。表7-2は初期の50項目と実際に実行された150項目を東北とそれ以外に分け，さらにそれを産業別に区分したものです。50項目の東北のウェイトが74％です。初期の計画が東北復興の延長線上で計画されたため東北に集中しました。150項目では東北のウェイトは37％に低下し，東北偏重が修正に向かいました。

　第1次5ヵ年計画による産業構造分析には次の3つの視点が必要です：①朝鮮戦争勃発に対応した国家安全対策が緊急課題であったこと，②新中国建国時は重化学工業基盤が脆弱であったこと，③従来の工業基礎の上に地域バランス配慮が必要なこと。

表7-2　第１次５ヶ年計画における東北の地位

	50項目			150項目		
	全中国	東北	%	全中国	東北	%
鉄鋼	4	4	100	7	4	57
化学	6	5	83	11	5	45
電力	11	6	55	25	8	32
非鉄	3	2	67	11	2	18
石炭	9	7	78	25	15	60
石油	0	0		2	1	50
飛行機	6	4	67	14	5	36
自動車	1	1	100	1	1	100
電子	1	0	0	10	0	0
兵器	0	0		17	0	0
船舶	0	0		3	1	33
一般機械	7	7	100	23	12	52
製紙	2	1	50	1	1	100
合計	50	37	74	150	55	37

注１：化学はアルミ精錬及び医薬を含む。
注２：150項目にある山西省侯馬の山西874廠は兵器とみなした。
出所：董志凱・呉江（2004）『新中国工業的奠基石：156項建設研究（1950-
　　　2000）』広東経済出版社，pp.136-159及び劉国光主編（2006）『中国十个
　　　五年計划研究報告』人民出版社，pp.75-80より筆者作成。

６．第１次５ヵ年計画で重視された産業

　第１次５ヶ年計画の重点産業は，初期の50項目では鉄鋼・石炭・電力・化学・非鉄金属・航空機・機械で，立地が黒竜江省と吉林省に集中しています。都市別では特に吉林市に集中しています。火力発電所，カーバイド工場，窒素肥料工場，染料工場，電極工場，豊満水力発電所と６項目が吉林で，いずれも化学工業関連です。

　この吉林への投資集中は中央政府と東北工業部の連携が大きく貢献したと思われます。1949年12月訪ソした毛沢東がスターリンに戦後復興協力を要請した際，既にこの時に，毛沢東はスターリンに豊満水力発電所の復旧協力を要請しています。

　また，1951年初姚依林を団長とする訪ソ団がモスクワを訪問して技術援助交

渉がなされた際には，吉林化工廠の林華廠長が交渉団メンバーに入っており，この時に，訪ソ団は吉林化学工業基地の再構築と拡大案をいち早くソ連側と交渉開始しました。このような実務ベースの体制整備も吉林市への投資を大きくしたと考えられます。

50項目で吉林以外で重要なものは，瀋陽の航空機・機械・電線，ハルピンの航空機・機械・アルミ（加工），撫順の電力・アルミ（精錬），阜新の石炭・電力，鶴崗の石炭，大連の電力，鞍山及び本渓湖の鉄鋼です。鶴崗を始めとする黒竜江省石炭資源開発は満洲国後半から本格的になされたもので，炭鉱関連機械工場や電力が必要です。吉林同様に黒竜江省の初期の項目も満洲国時代に源を持つと思われます。

ここで脱線です。以前NHKで放映されましたが，関東軍第2航空部隊第4練成飛行隊長であった林弥一郎少佐は，中国空軍の創設に貢献した人物です。1949年10月1日の中華人民共和国建国記念式では，林は共産党空軍による航空ショーを披露して毛沢東以下の国家指導者を喜ばせました（写真7-5）。

写真7-5　建国記念式で空軍ショーを観覧する毛沢東
建国記念式典が開催された1949年10月1日の午後4時頃，天安門上空を通過する空軍に喜ぶ毛沢東。毛沢東の後ろで右手を振っているのは聶栄臻元帥。
出所：陳敦徳（2012）『新中国外交照片解読』中国青年出版社，p.55。

日本敗戦後，部下300名を率いて共産党軍に投降した林は，東北軍を指揮していた林彪や共産党中央の東北局の責任者であった彭真の要請に応え，共産党軍空軍創設に協力しました。林の協力を基に航空委員会が発足して1946年1月に

航空総隊が設立されます。そして，参謀長の伍修権が隊長に，林が副隊長に就任しました。

　林は部下と共に，新たに設立された空軍のために，東北各地に残された飛行機や航空ガソリンや機材を収集し，そして，パイロットの教育・訓練に勤めました。林が教育したパイロットは朝鮮戦争の空中戦で活躍し，アメリカ空軍を驚かせました。なお，航空総隊は民主連軍航空学校と改名しました。

　このような林の活動を可能にした背景には，1943年頃から満洲国の航空機生産が内部の自製に切替わっていたことがあります。第1次5ヵ年計画においては，このような状況から，瀋陽に航空機工場，機械工場，電線工場，ハルピンに航空機工場，機械工場，アルミ加工工場，撫順にアルミ精錬工場が建設されたと思われます。

　150項目全体でみると，石炭・電力・機械が最も重視された部門でした。150項目には，50項目にはなかった石油・電子・兵器・船舶が追加されました。しかし，東北は石油と造船でそれぞれ1項目あるのみです。電子・兵器の東北立地はゼロです。石油は150項目で2項目が計画されました。撫順と蘭州の石油精製工場です。

7．化学工業における第1次5ヵ年計画

　第1次5ヵ年計画で建設された化学工場として通常言及されるのは吉林，蘭州，太原です。この3都市に第1次5ヵ年計画で建設された工場概要は次のとおりです。

①吉林
　吉林は肥料工場，染料工場，カーバイド工場，発電工場からなります。肥料工場の中心は年産5万トンのアンモニア設備で，硝酸・硝安設備も建設されました。別途，メタノール設備が建設されました。染料工場はナフトール染料など7種の染料です。ベンゼン無水物など染料中間体工場が建設され，染料中間体生産のため硫酸などの無機化学品設備が建設されました。カーバイド工場は年産6万トンカーバイド設備が建設されました。

　吉林は人造石油，メタノール，カーバイド，コークス，合成ゴム等の工場が建

設された地です。1948年秋東北を支配下においた共産党は，新政府成立前に吉林の工場群を統合して経済再建にいち早く踏み切ったことを述べました。新政府が発足すると，全国の資源が投入されて工場群の再建・再構築がなされました。第1次5ヵ年計画で誕生した吉林の化学工場基地は，このような歴史の上に成立したものなのです。

②蘭州

蘭州は新立地です。肥料，合成ゴム，発電工場が建設されました。肥料工場は年産5万トンのアンモニア，硝酸・硝安，メタノールなどが建設されました。合成ゴム工場はスチレンブタジエンゴム（SBR），アクリルニトリルブタジエンゴム（NBR），ポリスチレン生産設備からなります。1956年建設が始まり，1958年11月肥料工場が生産開始しました。合成ゴム工場は1960年5月に完了して操業を始めたものの，間もなく操業を停止しました。その状況は次章で論じます。

蘭州は新しい生産基地であると同時に研究開発基地でもありました。蘭州では石油化学基礎原料エチレンやブタジエンの合成研究がなされ，多くの有能な若手技術者が配属されました。蘭州で育った若手化学技術者は，その後各地に散って新しい工場で蘭州で開発された技術の応用・普及に貢献し，また化学行政の中枢にもなっています。中国化学工業中枢部には，特に石油化学分野では，蘭州出身者が多いといわれます。

③太原

太原は，肥料，化学品，製薬，発電工場からなります。肥料工場は年産5．2万トンのアンモニア，硝酸，硝安，メタノール設備などが建設されました。1957年肥料工場建設が始まり1961年完成しました。化学品工場は電解，農薬，DDT設備などが建設されました。1956年化学品工場建設が始まり1958年7月に完成しました。1958年製薬工場建設が始まり1960年1月完成しました。

華北は戦前日本が第二の満洲として軍事進出した地です。総理大臣が総裁の興亜院が膨大な人員を動員して調査活動を行い，華北に肥料工場建設が計画され，1942年太原に華北窒素がに設立されて工場建設が始まりました。しかし，戦後太原に誕生した化学工業基地には華北窒素の影響がみられません。それは，華北窒素の建設が資材入手難から進捗せず，工場の基幹機器が設置されずに中止されたためと思われます。

8. 化学工業部の設立

　1949年10月新政府成立で，化学は鉄鋼・機械・電力・国防・建材と共に重工業部管轄下になります。陳雲が初代重工業部長に就任し，翌年李富春に交代します。東北復興のしばらくの間，北京の重工業部と瀋陽の東北化学工業部との連携下にありましたが，1952年2月に東北人民政府が廃止されると，以降は，北京の重工業部化学工業局の一元管轄下で復興と再構築が進められました。

　1956年に化学工業部が重工業部化学工業局から昇格して創設され，化学工業部内に6管理局を設置して，化学行政をおこないました。化学工業部が直轄した工場は吉林，大連，蘭州，太原，南京（再建された永利の肥料工場）が主力でした。東北は大連や吉林のみならず，撫順，錦西・錦州，瀋陽といった化学工業都市を擁しており，計画経済時代は東北が中国化学工業の中心地でした。初代の化学工業部長には彭涛が就任しました。

　吉林化工廠の廠長として姚依林の訪ソミッションに参加した林華は，初代化学工業部長の彭涛の下で，生産技術局長を勤めました。その後，冶金工業部に転じ，1981年に冶金工業部副部長となりました。1984年には国家計画委員会諮詢小組副組長として産業行政に従事し，1988年には科学技術界を代表して全国政協委員となりました。

　彭涛は1962年まで化学工業部長を務め，1962年に高揚が彭涛の後をつぎ，高揚は1970年の改組まで化学工業部長を務めました。化学工業部は，1970年に燃料化学工業部（部長は伊文）に改組され，さらに1975年には石油化学工業部（部長は康世恩）に改組された後，1978年に孫敬文が部長となり化学工業部に復帰しました。

　1982年には秦仲達が孫敬文の後を継いで化学工業部長となりました。秦仲達は若い頃に接収した大連化学工廠の廠長を務め，大連での実績がその後の昇進につながりました。秦仲達は1989年まで化学工業部長として化学行政を推進しました。1989年には顧秀蓮が秦仲達に替わって化学工業部長に就任しました。

　化学工業部は1998年に始まった朱鎔基の国務院改革で解体されます。日本の通産省をモデルにした国家経済貿易委員会の下に国家石油和化学工業局が設けられ，中央政府は個別の案件には直接関与せず，産業政策に専念することになったのです。

100　第2部　計画経済時代

第8章
小型化と石油化学技術開発の失敗

1．中ソ関係は蜜月から対立へ

　建国直後の中ソ関係は蜜月期でした。中国は日本人技術者に代わり「ソ連一辺倒」でソ連人技術者による経済建設に転換しました。ソ連支援の第1次5ヵ年計画（1953-57年）で大きな飛躍を遂げ，1959年には建国10周年記念として『偉大的十年』が刊行されました。国土，人口，工業，農業，文化，教育等々を系統的に記しており，大躍進運動に入るための広報活動の一環でもあったと思われます。

　『偉大的十年』が記すように，復興期から第1次5ヵ年計画には目覚ましい発展でした。この成功を基に毛沢東は1958年から大躍進を主導します。農村に人民公社を設立し，大衆動員で鉄鋼や穀物を増産する理想社会の実現を目指しました。しかしながら，現実は深刻な苦境が生まれました。

　その実態は悲惨なもので，目下少しずつ明らかにされています。大躍進政策を始めた翌年1959年から1961年までの3年間に，公式で1500-2000万人，非公式には4000万人ともいわれる餓死者がでたのです。当時はこれを自然災害によるとしました。しかし，実際は天災ではなく，人災であったことが今日では明らかです。

　そして，中ソ蜜月は長くは続きません。国境4000キロメートルを接する両国は帝政ロシア時代から紛争を繰返し，建国直後の蜜月が例外的でした。中ソ論争は中国のソ連モデルからの離反でした。論争は深刻化し1960年ソ連は技術者を総引揚げします。対立は文化大革命で更に激しくなりました。1968年のソ連軍プラハ進駐時には，中国はソ連を「社会帝国主義」と非難しました。

2. 自力更生と地域自給

　建国以来中国はアメリカと対立し朝鮮戦争では軍事衝突しました。今度はソ連と決定的な対立です。当時の国際政治はアメリカ陣営とソ連陣営に分かれ、両国はことごとく対立しました。しかし、中国に対しては共同で封じ込め戦略をとりました。これに対し、中国は毛沢東指導下で自力更生を歩みます。

　自力更生とは独立と主権の尊厳を最優先にし、資金や技術や資源を外国に依存しない路線です。ソ連人技術者総引揚げで苦しんだ中国が、この経験を教訓に、外国依存のリスクを強調したものです。同時に、米ソとの軍事衝突にそなえた経済建設を考えるようになりました。

　自力更生には国内スローガンの側面がありました。各地域は北京中央に頼らず自らの力で経済運営をせねばならない、ということです。農業の大寨（山西省）、工業の大慶（黒竜江省）が自力更生のモデルとなりました（写真8-1）。

写真8-1　大慶油田開発を称える映画の主人公

自力更生による大慶油田開発を称える映画『創業』の脚本表紙にある主人公周挺杉。
出所：張天民（1976）『創業』大慶油田・長春電影制片廠《創業》創作組集体創作、表紙。

　自力更生路線の基盤は人民公社です。1958年から急速に広まった人民公社の基本は、まず人民公社内食糧の自給です。農産物で重要なのは食糧と衣類原料の綿花です。自然条件に左右される綿花栽培さえも、可能な限り人民公社内自給方針で作付けされました。牧畜、林業、漁業も人民公社内協同労働で自給を志向しました。

　加えて、農業生産や農業用水利建設に必要な化学肥料、セメント、鉄鋼、電力、

農業機械の地域内自給化が図られました。自給化は経済面だけではありません。人民公社は経済だけでなく教育や福祉や民兵をも含んだ政治組織でもありました。

3. 文化革命

　ここで登場したのが文化革命です。1966年紅衛兵の政治運動に始まり1976年四人組追放まで10年間続きました。文化革命の評価は今でも困難です。重要な文献が未公開のままなので評価に期間を要すると思われます。文化革命初期は肯定的な見方が少なくありませんでした。特に，日本にその傾向がありました。

　アメリカは日本と対照的です。早くも1967年アメリカ議会の中国経済報告において，今日の報道とほぼ同じ内容の文化革命を記しています。そのため，日本の中国研究は文化革命を全く理解できなかった，と批判されます。日中関係がいい意味でも悪い意味でも深すぎて，限られた情報下，客観的な評価が出来なかったと思われます。

　中国の工業化を論ずるには文化革命を避けることはできません。中国化学工業発展の中で文化革命をどう捉えるか。この問題に取り組むのは無謀なことですが，私の力量の範囲内で試みます。まず，強調すべきは，社会主義社会でも階級闘争は生まれるのでその解消モデルとして人民解放軍を選び，各分野で人民解放軍の学習運動を展開したことです。

　人民解放軍は軍隊ながら政治・経済・教育など殆ど全ての分野に関与し，農業，牧畜，工業などを行って自給自足体制を築いていました。先述した農業の大寨（山西省），工業の大慶（黒竜江省）は毛沢東が理想とする人民解放軍による自力更生モデルでした。

　大寨は山が高くて石が多く全く農業に適さない土地です。その地に水利建設をして土地を改良し，傾斜地を棚田に造成して農業生産を高めました。大慶では主婦を含む広範の人々の参画で自給自足の経済運営がなされ，「大慶油田会戦」のスローガンの下で全国の技術者を総動員した人海戦術で油田の発見をしました[20]。

　大寨と大慶は自力更生による農村建設と都市建設でしたので，「農村は大寨に，都市は大慶に」学ぶことがスローガンとなりました。文化革命期の経済政策の基本は，この自力更生精神の下での自給自足体制の確立です。貧しくとも平等であることを重視した地域内自給化志向は，それ以前の近代化の過程を逆にしたもの

といえます。

　分業は経済発展の根幹で地域間や産業間の分業が近代資本主義を発展させました。ところが，中国は自給自足体制を志向して分業を否定しました。この結果，中国の産業技術は戦前の技術体系に逆戻りすることになったのです。

4．三線建設

　この時期の中国理解を困難にするもう一つは三線建設です。三線建設とは今では殆ど耳にしません。もはや死語かもしれません。ですが，注意深く観察すると，現在もその傷跡がみえます。三線建設を知るには当時の国際軍事情勢の理解が不可欠です。

　中ソ対立は年々深刻化しました。1969年国境のウスリー川ダマンスキー島（中国名：黒竜江省珍宝島）で大規模軍事衝突が発生し，東部や西部の国境でも軍事衝突が頻発しました。ソ連軍50-100万人，中国軍200万人が国境配置されたといいます。加えて，中国はアメリカが支援する台湾の国民党と対立し，さらに，1964年からアメリカがベトナム戦争に本格介入しました。このような軍事情勢から，毛沢東は米ソとの抗戦を想定した三線建設を指導したのです。その時期の相当部分が文化革命と重なります。

　三線建設は米ソとの軍事衝突を想定し，戦争被害の可能性が大きい沿海部を一線，可能性が小さい内陸部を三線，その中間を二線とし，沿海部を失っても抗戦できるよう内陸に工場建設するものです。地域内で工場を後方に建設した場合は「小三線」といわれました。化学工業でいうと，北京郊外燕山の石油化学コンビナートが小三線の事例です[21]。

　三線建設では沿海部工場の内陸移転も少なくありません。移転先のインフラ未整備のため，莫大な移転費用にもかかわらず，生産実績をあげられなかった工場が多くありました。三線建設を指揮した彭徳懐らが文化革命で失脚して統括部門が崩壊し，各地方の開発がバラバラになってプロジェクト中断や工場生産停止が多くありました。

　文化革命や三線建設の下での自力更生と自給自足経済は，近代資本主義の分業を核とした技術進歩と逆行し経済合理性を排除します。工場は海岸を避け，ソ連軍戦車に対抗するため丘陵地帯が好まれ，重要な生産ラインは洞穴に設置されま

104　第2部　計画経済時代

した。その結果，甘粛省・陝西省・四川省・雲南省・貴州省といった奥地の丘陵地帯が生産拠点となりました。

　戦後世界は大型化を核にした技術進歩で発展しました。化学工業も大型化を競って新技術が誕生しました。ところが，中国は小型生産を志向しました。米ソの攻撃[22] があっても国家リスクが少ない小型工場を好んだからです。ただし，内陸開発からすると三線建設はプラス遺産を有し，三線建設は第10次5ヵ年計画の西部開発の布石になったと評価する論者もいます。

5．小型化を指向した生産体系

　当時の中国の小型化と地方分散指向に経済合理性ありと評価したのはアメリカです。冷戦期はアメリカの中国研究が最も活発な時期でした。アメリカ議会は1967年（ジョンソン），1972年（ニクソン），1975年（フォード）と3度の中国経済報告をしましたが，いずれの報告も小型で地方分散の産業構造を評価をします。その中で最も高い評価を受けたのが化学肥料です。

　1971年と1973年に現地調査したハーバード大学シガードソンの著作でも，みじめな失敗に終わった鉄鋼とは対照的に，「五小工業」の中で化学肥料は成功した分野であることを指摘しています。ちなみに，「五小工業」とは小型生産で中国社会を支えた化学肥料・セメント・機械・鉄鋼・エネルギーをさします。

　以下，まず，化学肥料を考察します。次いで，中華民国期世界水準にあったソーダ工業が小型化と地方分散で停滞した状況を指摘します。最後に，石油化学の代わりに有機合成化学を担ったカーバイド工業も小型化と地方分散を志向した状況をみます。

①アンモニア

　化学肥料は窒素中心なのでまず原料アンモニアをみます。表8-1は大型・中型・小型別アンモニア生産推移で，1960年代までは中型が主でした。1970年代後半に西側技術で大型が登場しますが，1960年代後半から増加した小型が過半数を占めました。

表8-1 大型・中型・小型別アンモニア生産状況

年	大　型			中　型			小　型			全国生産数量
	工場数	生産数量		工場数	生産数量		工場数	生産数量		
		1000t	%		1000t	%		1000t	%	
1952				2	37	97	1	1	3	38
1957				3	153	100				153
1962				8	455	94	45	28	6	483
1965				22	1,301	88		185	12	1,484
1970				30	1,445	59	300	1,000	41	2,445
1973				38	2,155	45	961	2,589	55	4,744
1974				42	2,074	44	1,078	2,651	56	4,725
1975				45	2,533	42	1,199	3,544	58	6,077
1976	4	170	3	47	2,334	38	1,319	3,681	59	6,185
1977	5	1,245	14	49	2,579	30	1,450	4,880	56	8,704
1978	8	2,061	17	53	3,190	27	1,533	6,584	56	11,835
1979	10	2,706	20	54	3,518	26	1,539	7,257	54	13,481
1980	13	3,127	21	56	3,655	24	1,439	8,194	55	14,975
1981	13	3,359	23	56	3,667	25	1,357	7,808	52	14,833
1982	13	3,448	22	56	3,637	24	1,279	8,378	54	15,464
1983	13	3,631	21	56	3,683	22	1,244	9,457	57	16,771

注：大型は西側技術，中型は年産1万トン以上の国産（含ソ連援助），小型は年差案1万
　　トン未満。
出所：《当代中国》叢書編輯部編（1986）『当代中国的化学工業』中国社会科学出版社，
　　付表，表5より筆者作成。

　小型工場のモデルは年産800トンあるいは2000トンです。日本と比較すると，アンモニア合成工業発祥記念碑がある旧東洋高圧彦島工業所の能力は日産5トン（年産1650トン）です。中国は復興期と第1次5ヵ年計画をへて中型を自力建設できました。それにもかかわらず，戦前日本のごく初期レベルの工場を1960年代に数多く建設したのです。

　この小型志向は先述の戦時体制想定下の地域内自給自足を目指した結果です。しかし，小型でも年産800トンあるいは2000トンの技術開発は容易ではありません。最初大連で400トンを試みましたが成功せず，800トンでようやく成功しました。さらに，上海で2000トンが開発され，800トンと2000トンがモデル工場になりました。

②炭安の技術開発

　小型工場で生産された化学肥料は炭酸水素アンモニア（以下，炭安。）です。炭安は小額投資で容易に建設でき，石炭を原料に生産も簡単です。ただし，炭安は不安定な物質で窒素成分が容易に流亡します。炭安を肥料とした国は他にありません。しかし，中国は輸送中や保管中の損失が大でも，需要地の農村に工場建設して損失を軽減しました。

　小型工場を全土に分散して建設するのは軍事上・政治上からも意味のある国策です。農村での小型工場建設は当時の中国の国情に適うものとして共産党中央から強い支持を受け，侯徳榜が技術開発の責任者に選ばれました。侯徳榜の伝記によると，近代技術発展の流れと逆行する小型肥料工場計画を侯徳榜自身は評価しませんでした。

　しかし，侯徳榜は共産党中央の方針に従って技術開発に取組みました。満洲国の化学工業を評価していた侯徳榜は，大連に開発拠点を置いて旧満洲曹達工場の炭酸化技術を応用し，他方で，上海化工研究院や北京化工実験廠の協力を受けて，炭安を肥料として利用する方法を確立したのです（写真8-2）。

　この生産モデルによって，1959年以降に各地に炭安工場が建設されました。毛沢東時代の中国における窒素肥料は炭安が主であり，西側技術導入で大型工場が建設されるようになってからも，なお，しばらくの間，炭安は最大の窒素肥料でした。尿素が炭安に替わって最大の窒素肥料になるのは1990年代末のことです。

写真8-2　上海のモデル工場

中国が上海で開発した普及用のモデル工場。生産能力はアンモニア年産2000トン，炭安年産8000トン。
出所：国会図書館所蔵（著者不明，出版年不明）『中国化学工業写真集』。

①ソーダ

新中国ソーダ工業の柱になったのは，范旭東・侯徳榜が建設した天津と旧満洲曹達の大連です。侯徳榜は原料の塩とアンモニアの供給体制が完備している大連に注目し，大連を拠点に塩安を併産する「侯氏ソーダ法」とよばれる独自の製法を完成させ，1961年に工場運転が始まりました。

1970年代初めから，地域内自給方針下，小型アンモニア工場を利用した小型「侯氏ソーダ法」工場を各地に建設しました。投資額が少なく建設も簡単なので建設が相次ぎました。しかし，建設された33工場のうち28工場のみが実際に生産開始し，生産開始した工場も操業が順調ではなく，ソーダの小型工場は成功したとはいえません。

②カーバイド

中国の有機合成化学は満洲電気化学のカーバイド生産から始まりました。第1次5ヶ年計画でソ連技術の年産6万トン工場が建設されましたが，中国の選択は6万トンではなく，1.8万トンの小型で各地に建設したのです。注目すべきは1.8万トンが満洲電気化学の1.5万トンとほぼ同規模なこと。装置産業の化学工業では生産規模は大きな意味を持ちます。

満洲電気化学の1.5万トン小型カーバイド工場は本格生産に先立つ試験生産ために建設されたものです。建設も運転も容易なこの小型工場は，国民党も復興計画に組み込みました。国民党に替わって吉林を支配した共産党も，1948年10月からその復旧に取り組み，1949年10月に生産開始しました。この早い生産再開は満洲電気化学の1.5万トンの小型工場が建設も運転も容易だったことを示します。今後の検証が必要ですが，新中国で普及した1.8万トンの原型は満洲電気化学1.5万トン工場ではないかと思われます。

中国が年産1.8万トンを推進したのは，肥料やソーダと同様に，国防上の見地からなされたのでしょう。小型カーバイド生産は技術的に容易で，建設資金も少なくすみます。工場運転は電力需要のピーク時を避けて，余剰電力が利用できる時だけ運転するという小回りもききます。原料コークスは各地で豊富に産出する石炭から得られます。

世界の趨勢が石油化学にあるとき，中国はカーバイドからのアセチレンを原料に有機合成化学製品を経済社会に供給しました。そこで，次に，中国が石油化学の国産技術開発に失敗した状況と，それと対照的なアセチレン化学の発展を詳し

108　第2部　計画経済時代

くみましょう。

6. 化学工業の分野構成

　表8-2は個々の数字に問題が多いものの概況がわかります。定説は計画経済時代の化学工業の中心は肥料です。1980年代で25%程度のシェアですが，肥料が最大であった年はありません。1957年から突如大きく顔を出した有機化学が一貫して最大分野です。ゴムは大部分が合成ゴムなので有機化学とゴムを合計すると，1983年で4割を越えます。

表8-2　化学工業主要分野生産額構成の推移　　(単位：%)

	1952年	1957年	1965年	1978年	1980年	1983年
鉱業化学品	3.1	6.7	1.2	0.9	0.9	1.1
酸アルカリ	17.7	14.8	13.1	12.1	12.6	16.4
肥料	5.2	5.4	17.1	19.5	24.9	24.5
農薬				4.1	4.2	4.1
有機化学		19.7	19	25.6	26.1	25.9
医薬	19.8	30.6	29.9	14.5		
ゴム	22.8	16.4	18.3	17.2	19.9	19.6
プラント				1.6	1.8	1.2
その他				4.4	10.8	10.7
合計	68.6	93.6	98.6	99.9	101.2	103.5

注1：1965年の肥料は窒素肥料のみ。農薬は1972年までは肥料に含まれる。
注2：その他は主として石油化学。合計欄は筆者計算。
出所：《当代中国》叢書編輯部編 (1986)『当代中国的化学工業』中国社会科学出版
　　　社本文末「表2-2」より筆者作成。

　表で数字の変化が不自然で大きすぎるのが気になりますが，中国統計によくある統計整理の変更によります。この表のみから軽々しく結論を出せませんが，肥料と共に有機化学の考察が不可欠でしょう。この時期は肥料価格が人為的に安く設定されたので，肥料と有機化学の相対価格をチェックせねばなりません。一つの方法として以下を試みました。

　計画経済時代の主な肥料は炭安ですが，炭安は相対価格の検討が出来ないので，価格データが豊富な尿素を選びます。有機化学は合成樹脂の塩ビ，合成ゴムのク

ロロプレンゴム，合成繊維のビニロンが主ですが，データが比較的豊富な塩ビ（写真8-3）を選びます。

日本，アメリカと比較した結果が表8-3です。（より詳しくは『化学経済』2014年2月号をご覧下さい。）当時，日本の尿素は産業構造改善下で国際価格より高かったこと，アメリカの尿素は国際価格で安かったこと，塩ビは日本もアメリカも国際価格で安かったこと，を念頭におくと次のように言えます。

写真8-3 市民生活に幅広く使用された塩ビ

自力更生と自給自足体制の下で中国の国民生活を支えた合成樹脂は塩ビであった。写真は上海市店頭での塩ビ製レインコートの販売風景。
出所：国会図書館所蔵（著者不明，出版年不明）『中国化学工業写真集』。

表8-3 肥料の相対価格検討

	尿素1トン当たり価格			塩ビ1トン当たり価格		
	現地通貨	US＄換算	価格比	現地通貨	US＄換算	価格比
中国	1,754	466	100	5,100	1355	100
日本	119,565	866	186	85,985	623	46
アメリカ		474	98		596	44

肥料は国際価格のアメリカとほぼ同じで日本の半分に近く，塩ビは国際価格の日本やアメリカに比べて2倍以上のでした。これを基に表8-2に戻ると，安く評価された肥料のウェイトは上方修正が必要で，高く評価された有機化学は下方修正が必要です。数字での修正は困難ですが，定説の否定は難しいでしょう。有機化学と肥料が並んで重要です。肥料は既にみました。以下，有機化学を考察します。

7．石油化学技術開発の失敗

　経済社会が発展すると有機化学の重要性が増します。中国は1962-63年頃から有機合成化学を目指します。国内経済建設が進み多様な化学製品を必要とするようになったのです。農業生産の低迷も大きな要因です。軽工業原料の70％が農業に依存して農業に負担でした。これを合成繊維で代替しようとして有機化学の技術開発に国家資源を投入しました。

　図8-1をみるとエチレン生産は一貫して増加しますが，カーバイドは1990年代半ばをピークに以後減少です。これは1990年代半ば頃まで中国の有機化学はカーバイドアセチレン化学が主力であり，1990年代後半からエチレンが主力になった結果です。

図8-1 エチレンおよびカーバイト生産量推移

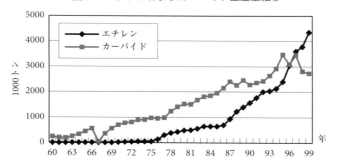

　中国のエチレン生産開始は1960年です。決して遅くありません。日本と比べましょう。石油に乏しく敗戦で研究開発余力がなかった日本のエチレン生産開始は1959年です。中国と1年しか違いません。しかし，日本の生産はすぐに急増して技術的にも欧米に追いつきました。ですが，中国は，1963-64年西欧にミッションを派遣して石油化学プラントを輸入したにもかかわらず，10年たった1970年でもわずかに2万トンです。

　中国日本人商工会議所の産業調査によると，蘭州や上海で開発された年産能力5000トンから2万トンの小型エチレン工場が全土で60基建設されています。60基の平均能力を1万トンとすると能力合計は60万トン程度です。生産量が6万トンなので稼働率はわずか10％です。装置産業のエチレンで稼働率10％は

設備とは言えません。

　多大な国家エネルギー注入にもかかわらず石油化学技術開発に成果はありませんでした。この間，カーバイドからのアセチレンが有機合成化学を担いました。合成樹脂で塩ビ，合成ゴムでクロロプレンゴム，合成繊維でビニロンです。

①合成繊維

　有機合成化学を牽引したのは合成繊維です。繊維が農業に負担をかけていたので，合繊による代替が政策目標になりました。新政府が最初に取組んだ合繊はナイロンです。このことを中国文献で読んだ時，私は目を疑いました。中国には有機化学がないに等しい状態です。ナイロンのような難しい合成繊維をなぜ最初に選んだのか？答えは本書第7章でみた錦西における有機化学の成立にあります。

　1952年フェノールが錦西で生産されると，1958年フェノールを原料にソ連経由入手したドイツ技術でカプロラクタムの生産が始まりました。カプロラクタムは錦州合成繊維廠にでナイロン繊維となりました。しかし，カプロラクタム技術は難しく十分な生産実績をあげていません。また，その後の世界の技術進歩にもついていけず，中国のカプロラクタム生産技術は初期のフェノール法を超えることは出来ませんでした。

　技術進歩がないため価格が高く，用途も限られて発展がありません。合繊の主役はビニロンが取って代わります。ビニロンは投資額が少なく生産費も安価です。技術もカーバイドアセチレンから比較的容易です。当時の中国の国情にあった合繊としてビニロンが選ばれました。表8-4で明らかな通り，計画経済時代はビニロンが最大の合繊でした。

表8-4　主要合成繊維生産量推移

	ナイロン		ポリエステル		アクリル		ビニロン		全合成繊維	
	千トン	%	千トン	%	千トン	%	千トン	%	千トン	%
1965	3	60	0.1	2	0.2	4	2	40	5	100
1970	7	19	1	3	5	14	19	53	36	100
1975	15	23	18	27	10	15	19	29	66	100
1978	25	15	51	30	41	24	48	28	169	100
1980	32	10	118	38	58	18	97	31	314	100
1984	58	10	359	62	69	12	70	12	576	100
1985	71	9	516	67	73	9	80	10	771	100

出所：《当代中国》叢書編輯部編（1986）『当代中国的化学工業』中国社会科学出版社，p.505。

112　第2部　計画経済時代

　その後，世界の合繊はより優れた特質をもつナイロン，アクリル，ポリエステルに向かいます。いずれもビニロンよりはるかに高度の技術を要し，自力更生路線下の中国は国産技術開発が出来ませんでした。このような高度の合繊生産には広範囲の石油化学基礎製品を必要とするので，石油化学技術開発に失敗した中国では不可能だったのです。

②合成樹脂

　発展途上国の樹脂生産では，通常，塩ビとともに石油化学計画の一環としてポリエチレンやポリプロピレン等が企業化されます。しかし，計画経済時代の中国ではポリエチレンもポリプロピレンでもないに等しく，殆ど全てが塩ビでした。

　塩ビ生産は1958年に錦西で始まりました。錦西で生産モデル年産3000トンが確立され，全国に同規模の工場が作られて塩ビ生産が急増しました。中国はポリエチレンやポリプロピレンの技術開発に成功せず，やむをえず塩ビに依存していたのです。

表8-5　主要樹脂生産量推移

	塩ビ		ポリエチレン		ポリプロピレン		ポリスチレン		全合成樹脂	
	千トン	%	千トン	%	千トン	%	千トン	%	千トン	%
1965	74	76	0.1	0	0	0	3	3	97	100
1970	128	73	5	3	0	0	5	3	176	100
1975	217	66	30	9	6	2	9	3	330	100
1978	256	38	243	36	72	11	12	2	679	100
1980	378	42	302	34	95	11	17	2	898	100
1984	504	43	337	29	120	10	26	2	1,180	100
1985	508	41	335	27	132	11	32	3	1,232	100

出所：《当代中国》叢書編輯部編（1986）『当代中国的化学工業』中国社会科学出版社，p.505。

③合成ゴム

　表8-6は主要合成ゴムの生産量推移です。初期はSBRとクロロプレンが主な合成ゴムです。改革開放後になって，西側技術導入によりブタジエンの大量生産が始まりました。ブタジエンの供給が増えると，ポリブタジエンゴム・SBRが増え，それとともに，クロロプレンの役割は低下しました。合成ゴムでも，カーバイド

工業の大役は終わったのです。

表8-6　主要合成ゴム生産量推移

	SBR		ポリブタジエン		NBR		クロロプレン		全合成ゴム	
	千トン	%	千トン	%	千トン	%	千トン	%	千トン	%
1965	12	75	0	0	1	6	2	13	16	100
1970	13	52	0.4	2	2	8	9	36	25	100
1975	32	56	13	23	4	7	7	12	57	100
1978	37	36	51	50	4	4	10	10	102	100
1980	36	29	74	60	4	3	8	7	123	100
1984	68	39	86	49	4	2	15	9	174	100
1985	68	38	88	49	4	2	17	9	181	100

出所：《当代中国》叢書編輯部編（1986）『当代中国的化学工業』中国社会科学出版社，p.505。

第9章
計画経済を支えた戦前日本の技術

　本章は第2部のまとめです。これまでの論考で，満洲国では戦前日本の最新鋭の技術で，日本にない技術はアメリカやドイツから技術導入して，経済建設がなされたことをみました。では，日本敗戦後，そのような技術は中国に継承されたのか，或いは，継承されなかったか，をまとめたいと思います。

1. 継承の定義

　継承されたかどうかを何に基準をおいて論ずるか。最初にこの問題を考えます。1949年に新政府を発足させた共産党のそれまでの基盤は農村でした。工業に関しては農村工業・手工業しか経験を持っていませんでした。そのため，戦前の世界の最高技術水準を持つ満洲国時代の設備の存在そのものが，新政府の経済政策に大きな影響を与えました。

　満洲国の化学企業は生産活動にもっぱら従事し，投資の意思決定者は日本政府・満洲国政府・満鉄・満洲重工業・日本企業でした。研究開発は満鉄中央試験所・大陸科学院・進出企業の日本国内の研究所でなされ，また，工場建設も基本的に日本に依存していました。一方，中国企業も投資・研究開発・建設等において重要な意思決定を自らすること少なく，計画経済時代からつい最近まで，与えられた設備下での増産が主な関心事でした。そのため「中国には企業は存在しない」と言われました。

　その意味で，中国の企業は，もっぱら生産活動に従事した満洲国の企業に近い存在であったといえます。それゆえ，生産活動に視点をおくならば，工場設備を基準に置くことは客観的であり，継承されたかどうかを論ずる基準となりえます。また，その設備に採用された技術，あるいは，中国に残留して戦後復興に貢献した留用技術者の貢献も評価基準になるでしょう。

　自力更生時代の中国は厳しい情報統制下にあり，史資料の入手は現在でも容易

ではありません。しかし，工場設備は客観的な観察が相対的に容易です。工場設備以外では，技術はある程度の把握が可能です。留用技術者の貢献に関しては，帰国後に執筆された留用技術者の記録が利用できます。

そこで，工場設備を中心として，それを技術，および留用技術者の貢献で補うことで，戦前日本の化学技術がどのように中国に継承されたか，或いは，継承されなかたかを論じます。

以下の分析においては，継承の定義を「満洲国で建設された設備，あるいは建設中であった設備が，ソ連軍に撤去された後に日本人留用技術者の協力により復旧され，人民共和国において継続的に運転された状況」とします。技術は設備に体化[23]されているとみなして，設備の転用は継承としません。ただし，継承の状況になくとも，それに近い場合は「継承に準ずる」とします。「継承に準ずる」か否かは個別に論じます。

2．継承のイメージ図

本書で論ずる継承をイメージ的に図示します。図9-1の3つの円のうち，斜線の入った円は満洲国に建設された工場設備の全体を示します。斜線の入った円と一部が重なる形で2つの円があって，右側の円は日本企業が満洲に持ち込んだ技術を示し，左側の円は留用技術者の技術協力により再建された工場を示します。

3つの円が重なることにより，満洲国に建設された工場設備を示す斜線の入った円はA，B，C，Dと4つに分けられます。Aは満洲国の技術が採用され留用技術者の協力で復旧された工場を表し，Bは満洲国の技術が採用されが留用技術者の協力なしに復旧された工場を表し，Cは設備は転用されたものの，満洲国の技術が留用技術者の協力により転用後の設備に活用された工場を表します。

定義によりAは継承された工場です。BとCは「継承に準ずる」工場です。他方，Dは継承されなかった工場です。DはD1とD2に分けられ，D1は転用されて満洲国の技術は使用されなかった工場で，D2は工場が活用されなかったものです。

図9-1　継承に関するイメージ図

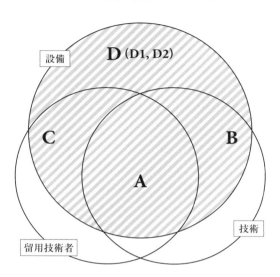

3．中国に継承された満洲化学工業

　これまでの本書での分析を基にして，満洲国に建設された化学工場をA，B，C，Dに分類します。日本敗戦後の東北はソ連軍が支配し，多くの工場設備が撤去されました。しかし，ソ連軍撤退後は国民党と共産党双方の手で復旧が進められました。国民党の復旧で注目すべきは，旧満洲曹達開原の電解設備が旧陸軍燃料廠であった錦西に移設されたことで，この電解工場は新中国に継承されて錦西は化学工場に変身したことを指摘しました。

　第1次5ヵ年計画によりソ連技術者が派遣されるまでの間，日本人技術者が復興に大きく貢献しました。その結果，大連のアンモニア・ソーダ・油脂化学をはじめ，撫順のオイルシェール，錦州の人造石油，錦西のフェノール，吉林のカーバイド等々の満洲化学工業の主要な部分が，1952年までにほぼ満洲国時代の形に復旧しました。このような復興期に復旧されて生産を開始した一連の工場設備は，継承の定義により，継承されたものです。

第1次5ヵ年計画期に入ると，ソ連の支援により，撫順と吉林に大規模投資がなされました。しかし，第1次5ヵ年計画で撫順に建設されたアルミ精錬工場は，戦前に満鉄中央試験所が開発した技術を使用しました。従って，撫順のアルミ工場は「継承に準ずる」ものとします。また，撫順では，新たに本格的な石油精製工場が建設され，その際，人造石油設備が石油精製設備に転用されました。ところが，他方で，人造石油の核心である水添技術は，重質の大慶原油の石油精製に利用され，そのため撫順は中国における高圧水添基地と位置づけされました。すなわち，撫順の人造石油は，設備が転用されたものの，その水添技術が大慶原油の精製に活用されました。その意味で，撫順の人造石油も「継承に準ずる」ものとします。

第1次5ヵ年計画では，吉林に，カーバイド工場・肥料工場・染料工場が建設されました。カーバイドは，満洲電気化学の跡地に，ほぼ同じ生産能力で工場が建設されました。したがって，カーバイドも「継承に準ずる」ものとします。他方，肥料工場は人造石油工場の転用であり，染料工場はコークス工場の転用であるので，この意味で継承とはいえません。

一方，順調な生産を続けていたクロロプレン工場は復旧されず，長春における研究を基に，四川省長寿にクロロプレン工場が建設されました。また，その後，長春の研究は蘭州に移管されました。この状況は，重要な軍需物質であるクロロプレンゴムの生産と研究が，当時の政治・軍事情勢によって，朝鮮国境に近い吉林・長春から，安全な内陸部である長寿・蘭州に移管されたことから生まれました。したがって，満洲国時代のクロロプレン生産は，立地を内陸部に変えて継承されたのであり，その意味で「継承に準ずる」ものとみることができます。

人民共和国に継承されなかったものは，先述した吉林のコークスと人造石油以外にも，少なくありません。その代表は，鴨緑江を挟んで朝鮮と対峙する安東（現丹東）の工場群です。安東には日本人が多く住み，また，満洲国と朝鮮の共同事業であった鴨緑江水力発電から安価で豊富な電力供給が期待されることから，満洲国末期に日系企業の進出が相次ぎました。しかし，安東を代表する工場の一つである安東軽金属のアルミ工場は建設中で日本敗戦となり，設備はソ連軍に撤去されたままで再建されませんでした。

また，東洋紡のレーヨン工場は，復興期に留用技術者の技術協力の下に，一時的には復旧しました。しかし，木材を原料とするレーヨンは，森林資源に乏しい中国では不向きとされました。その他，奉天の石炭液化研究所の人造石油工場は，

瀋陽化工廠の一部になって，化学工場として転用されたのみで終わりました。従って，継承されたとはいえません。四平街の人造石油工場も，カーバイド工場が建設され，四平連合化工廠として化学工場に転用されました。これも継承されなかった事例です。

以上の総括を，図9-1のA，B，C，Dに対応させると次のようになります。

A（留用技術者の協力により復旧され，満洲国の技術が活用された）:

　　アンモニア［大連］，ソーダ［大連，奉天，開原］，油脂化学［大連］，オイル
　　シェール［撫順］，フェノール［錦州］。

B（留用技術者の協力なしに復旧されたが，満洲国の技術が活用された）:

　　アルミ［撫順］，カーバイド［吉林］。

C（転用されたが，満洲国の技術が活用された）:

　　クロロプレン［吉林］，人造石油［撫順］。

D1（転用され，満洲国時代の技術は活用されなかった）:

　　コークス［吉林］，人造石油［吉林］，人造石油［奉天］，人造石油［四平街］。

D2（設備が活用されなかった）:

　　アルミ［安東］，レーヨン［安東］。

4．継承に関する補論

　継承されたか否かを論ずるには，具体的にどのように継承されたかを，個別の事例で分析することが必要ですが，事例検証はなされておらず，今後の大きな課題です。この欠陥を補うべく，工場設備・技術・留用技術者以外の視点から本書で論じたことを，5点ほど整理しておきます。

　第1は，秦仲達・林華・王新三・侯徳榜等の中国化学工業の発展に貢献した中国人技術者の存在です。秦仲達は大連で，林華は吉林で，王新三は撫順で，復興期に活躍しました。3者はいずれも復興期における実績を評価されて，後に中央政府の幹部になったことを論じました。このような中国人技術者の経歴は，満洲化学工業が中国に継承されたことを補完説明するものといえるでしょう。

　第2は，民国期に既に世界的な化学者として認められていた侯徳榜が東北の化学工場を高く評価したことです。侯徳榜は特に大連のアンモニア工場とソーダ工

場を高く評価しました。そのため，大連に本拠をおいて自らの「侯氏ソーダ法」を完成させ，同時に，小型肥料工場・小型ソーダ工場の技術開発を大連で成し遂げたことを論じました。これも満洲化学工業が中国に継承されたことを補完説明するものです。

　第3は，満洲の旧日系工場群を一括管理した東北工業部が，中央政府における意思決定の主体であった重工業部や化学工業部に大きな影響を与えたことです。新政府成立前から活発な復旧活動を開始していた東北工業部は，新政府が成立し中央に重工業部が組織されると，重工業部との連携を十分に取って東北復興を短期間で完成させました。中央の体制が出来あがると東北工業部は重工業部に吸収されました。同時に，重工業部は東北工業部のそれまでの活動を十分に継承しました。第1次5ヵ年計画初期の項目が東北に集中したのは，何よりもその現われであるのを論述しました。

　第4は，短期間とはいえ，瀋陽に新中国の研究開発の本部が設置されたことです。人民共和国初期においては，研究開発は東北工業部・重工業部・化学工業部が管轄する研究機関によってなされました。日系化学企業を接収する過程で東北に有機化学の研究基地が設置され，それが化学工業部の設立とともに瀋陽化工研究院となり，中国における有機化学の発展の柱になったことを中国側資料により指摘しました。

　第5は，上記の第4と関連しますが，大連の満鉄中央試験所と長春の大陸科学院は新中国が新たに設立した中国科学院の一部門になったことを中国側資料により検証したことです。多くの留用技術者が語る満鉄中央試験所と大陸科学院の人民共和国への継承を，本書での論考の中で，中国側資料により確認しました。満洲国時代の研究開発機関が中国に継承されたことは，満洲化学工業全体が新中国に継承されて，自力更生時代の中国経済社会を支えたことを示していると思います。

5．毛沢東時代の総括

　以上のような満洲国の化学工業が中国に継承されたとする分析を基にして，自力更生時代の総括をします。毛沢東時代の化学工業は，満洲国時代の化学工業に加え，民国の化学工業およびソ連の化学工業によって基礎が作られたものでした。

120　第2部　計画経済時代

　民国期の化学工業はアンモニア・硫安に代表されるようにアメリカの影響を受けています。他方，ソ連の化学技術は戦勝国としてソ連が入手したドイツ技術の塩ビ・カプロラクタムを含んでいました。

　加えて，満洲化学のアンモニアや満洲合成燃料の人造石油は，日本がドイツより技術を輸入して建設したものでした。従って，復興期から第1次5ヵ年計画を経て成立した中国化学工業は，戦前のドイツ・アメリカ・日本の最高水準の技術を受け継いだものであり，その意味で，さらなる発展に向けた基盤が形成されたはずでした。しかしながら，毛沢東時代の中国では，その後の技術進歩は生まれませんでした。それは，米ソ2大国と正面から対立して，中国は国際社会から隔離された影響によります。

　米ソ2大国と激しく対立した政治環境の下で，毛沢東は自力更生政策を選び，中国は国際社会から隔離される道を歩みました。この自力更生政策の下で，中国化学工業は世界の技術進歩の流れに逆行しました。すなわち，毛沢東時代の中国は，戦時経済を定常的に想定し，小型工場による地方に分散した生産構造を選択したのです。

　毛沢東時代の化学工業を代表する肥料工業では，小型アンモニア工場から生産される炭安が普及しました。炭安の効率の悪さと流通上の損失を，需要地である農村に数多くの炭安工場を建設することで補いました。炭安の技術開発は，旧満洲曹達の炭酸化技術を応用して，大連でなされたものでした。

　他方，中華民国期において世界の技術水準に達していたソーダ工業では，大連のアンモニア工場とソーダ工場を活用して，中国独自の「侯氏ソーダ法」を確立しました。しかし，ソーダ工業も，小型化と地方分散の道を歩みました。ソーダ工業も，小型肥料工場を改造して「侯氏ソーダ法」による小型の工場が建設され，各地方の需要をまかないました。

　しかしながら，中国は，世界の潮流であった石油化学技術を自主開発することは出来ませんでした。そのため，有機合成化学はカーバイド法に依存しました。基幹であるカーバイドは，第1次5ヵ年計画で建設された大型工場ではなく，満洲電気化学の小型工場がモデルになり，この小型工場をモデルに各地に工場が建設されました。

　合繊は，カーバイド法によるビニロンが主でした。その基礎研究は，旧満洲油化の後身である四平連合化工廠でなされました。合成樹脂は，カーバイド法の塩ビが主役で，その生産モデルは錦西で生まれました。合成ゴムは，カーバイド法

第9章　計画経済を支えた戦前日本の技術　　121

によるクロレプレンゴムに大きく依存し，長春でなされた研究開発を基にして四川省長寿の新工場で生産されましたが，その後の研究開発は蘭州に集約されました。

復興期においては，留用技術者が記すように，中国は驚くほどの技術吸収力を発揮して，数多くの成果をあげました。また，第1次5ヵ年計画においては，ソ連援助の下で，新しい技術が導入されました。しかし，その後の技術進歩はありませんでした。その好例が，フェノールとカプロラクタムです。フェノール生産もカプロラクタム生産も，ともに高度な有機化学の技術を必要とします。中国の有機化学は中華民国期にはないに等しい状態でしたが，新政府成立後まもなく生産を開始したのは驚くべき実績です。

すなわち，フェノールは満洲化学工業が完工した錦西において，1952年に生産開始しました。カプロラクタムはこのフェノールを原料にして1958年に生産を開始しました。カプロラクタムは，錦州の合成繊維廠に送られてナイロン繊維になり，ナイロンが人民共和国最初の合繊となりました。この時期にナイロンの国産化に生産したのは高く評価されていいといえます。

フェノールは，その後，当局の方針により，生産拠点が錦西から蘭州・北京・上海に変更されました。しかし，技術は，戦前のベンゼンスルフォン酸法がそのまま継続されました。カプロラクタムも，生産拠点は錦西から南京・岳陽に移転したものの，初期の技術がそのまま継続されて，その後の発展はありませんでした。そのため，ナイロンは，非常に早い時期に国産化に成功しながら，その後の発展がありませんでした。そして，毛沢東時代の合繊は，性能は劣るものの，価格の安いビニロンに主役を奪われたのです。

以上のように，毛沢東時代の化学工業は，戦前の日米欧の最高の技術水準で建設された工場が再建されたにもかかわらず，その後の技術の発展はみられませんでした。毛沢東時代の中国化学工業は旧満洲国から継承した工場と技術に大きく依存した，ということ自体が計画経済時代には技術進歩がなかったことを意味しています。

第3部
改革開放後

124　第3部　改革開放後

第10章
大規模な西側技術導入

1．エズラ・ヴォーゲルの分析

　エズラ・ヴォーゲルはベストセラーになった『ジャパン・アズ・ナンバーワン』で有名ですが，日本語のみならず中国語も堪能な研究者です。エズラ・ヴォーゲルは1961年から中国研究を始めて1973年に初の訪中をし，以後，訪中を重ねて，鄧小平の伝記である著作『現代中国の父　鄧小平』が日本でも2013年に出版されました。

　この著作は鄧小平の活動を記録した『鄧小平年譜』を基礎とし，主な演説を集めた『鄧小平文選』や関連文献を使用し，同時に，多くの関係者にインタビューを実施して書かれたものです。エズラ・ヴォーゲルはこの著作で，定説の第11期全国代表大会第3回中央委員会全体会議（いわゆる三中全会）の役割を，次のように否定します：

　　　「共産党の公的な歴史は，1978年12月18日から22日にかけて開かれた第11期全国代表大会第3回中央委員会全体会議（三中全会）を，鄧小平の「改革開放路線」が始動した会議としている。だが実際にはこの11期三中全会は，これに先立ち11月10日から12月15日まで開かれた中央工作会議を，公的に追認する手続きにすぎなかった。」

　劇的な変化は三中全会ではなく，三中全会開催前の中央工作会議で生まれた，とエズラ・ヴォーゲルはいいます。ところが，この中央工作会議が始まった時，鄧小平は東南アジア出張中でした（写真10-1）。そして，中央工作会議の5日目，葉剣英が東南アジアから戻った鄧小平に新たな重責を引き受ける覚悟を固めるようにと伝えた，と書かれています。鄧小平が会議開催前に東南アジアに出張していたという事実は，鄧小平が三中全会を主導して新しい路線が誕生したという定

説が再検討されるべきであることを示唆します。

写真10-1　鄧小平とリー・クワン・ユー
新時代への幕開けとなる中央工作会議が始まった時，鄧小平は東南アジアを訪問していた。写真はシンガポールでリー・クワン・ユーの出迎えを受ける鄧小平。
出所：中共中央文献研究室・新華社通信社（1989）『鄧小平：写真集』中央文献出版社，p.207。

2．改革開放をどう理解するか

「改革開放」は国内の「経済改革」と海外の「対外開放」に分けることが必要です。国内の「経済改革」が1978年以前に始まっていたことを，自らが仕事をしていた国有企業における企業管理の変化と結び付けて具体的に論じたものが1996年に日本にて刊行されています。ところが，この刊行後，逆に，定説はますます定着した感があり，その後，類似の論考は目下のところ発見できていません。

エズラ・ヴォーゲルによると，国内改革の出発点は文革から復活した鄧小平が葉剣英とともに人民解放軍で実施した「整頓」です。鄧小平と葉剣英が実施した「整頓」は毛沢東と中央軍事委員会の多数派から支持を受けて成功裏に実施されました。

人民解放軍での「整頓」に成功した鄧小平は次に鉄道に手をつけました。当時の中国は物資輸送の大部分を鉄道に頼っており，鉄道の混乱が経済活動の障害になっていたからです。内陸交通の要所徐州鉄道センターを選んで問題解決に取り

組み，鉄道部長には万里を起用しました。徐州鉄道センターにおいても「整頓」は大きな成果をみました。

徐州での成功で石炭・鉄鋼・肥料・軽工業・電力等で生産活動が改善され，経済活動が回復したのが1975年のことです。先述の1996年刊行物の著者の王曙光が，企業管理が変化した年としたのも1975年です。王曙光が企業管理の変化が1975年に始まったと記したのはこの「整頓」の一環とみていいでしょう。

他方，農村改革が安徽省で始まりました。1977年6月，万里は安徽省共産党委員会第一書記として赴任し，万里は農民の自主的な試みを支持しました。同年12月，安徽省は全国に先駆けて農業生産責任制を導入しました。これは農業生産を生産グループや個別農家に請け負わせる制度で，新政策は農村を活性化し農民の生産意欲が高まりました。農村の変化も1978年の三中全会前のことなので，この点でも定説に疑問を抱かせます。

安徽省での成功は波及します。請負制を導入するか否かは地方政府の判断によります。やがて四川省が安徽省に続き，四川省の農業生産は急増してかっての農業生産地の地位を回復しました。一方，安徽省や四川省の試みは社会主義の原則に反するとして，共産党内部で強い非難の声がありました。請負制に対する批判キャンペーンも展開されました。しかし，改革の実績をみた各地の農村幹部や農民は安徽省や四川省の試みを実施し，共産党中央はそれを認めました。

農村の経済改革は全国に波及して農村改革の中で人民公社は消滅しました。人民公社では農民は平等でしたが非効率や悪平等などの弊害があり，農民の生産意欲が弱まって農村生産が停滞しました。長年の政治運動の影響で1970年代後半は農業生産が不振で，全国的な食糧不足と都市市民の生活難のために不安定な社会情勢が生まれました。この不安定な情勢に共産党は強い危機感を持ち，共産党が農村改革を支持したのです。

農村改革は農民に利益をもたらしました。1984年には新行政区画である「郷」「鎮」が全国的に設立され，人民公社に替わる「郷人民政府」「鎮人民政府」が設置され，また，人民公社の生産部門である社隊企業は郷鎮企業に改められました。人民公社は実質的に機能しなくなり，それを共産党中央及び国務院も認めて1983年に憲法が改正され，人民公社制度は正式に解体しました。

次に対外開放を考えます。定説は対外開放が1978年12月の中国共産党11期三中全会で始まり，広東省と福建省が対外開放の政策地域に認定されて自由化措置を得たとして，その後の対外開放を述べます。ここでエズラ・ヴォーゲルを再

び引用します。

　　　「1970年代から80年代にかけての中国の劇的な対外開放の過程は，
　　鄧小平とともに始まったわけではない。むしろ最初に国を開いたのは，
　　69年の中ソ国境紛争後の毛沢東であった。そして，周恩来と華国鋒が
　　それを受け継いだ。しかし，鄧小平が際立っていたのは，その扉を比較
　　にならないほど大きく開いたことである。彼は外国の考え方や技術，資
　　本を前任者たちよりもずっと大胆に受け入れた。そして，開放がもたら
　　す混乱にもかかわらず，それを一層拡大させていく困難な過程の指揮を
　　自らとり続けた。」

　ここにある「69年の中ソ国境紛争」は前章でみたウスリー川ダマンスキー島
（中国名：黒竜江省珍宝島）で発生した大規模な軍事衝突のことです。中ソ関係
は年々悪化し軍事衝突までになりました。中国は古代より北方から異民族による
攻撃を受け，中世でもモンゴル族による元朝，近代では満州族による清朝の下で
異民族の王朝が成立しました。
　毛沢東はこのソ連との軍事衝突に大きな危機感を抱き，米中和解を模索するよ
うになりました。そして，劇的な毛沢東・ニクソン会見になったとみます。エズ
ラ・ヴォーゲルによれば，対外開放への変化の発端は1969年で，変化の実現が
米中和解の1972年となります。そして，翌1973年に中国は大規模な西側技術
導入に踏み切りました。技術導入分野は肥料・合繊・石油化学を中心とした化学
工業が主でした。
　この技術導入をみる前に計画経済時代の技術開発と生産構造を整理しておきま
す。

3．計画経済時代の技術開発と生産構造

　計画経済時代の技術開発の基本構造を把握しましょう。図10-1は国家科学技
術委員会資料の引用です。1986年出版なので改革開放直後の状況です。改革開
放直後の制度は基本的に計画経済時代と変わっておらず，図から計画経済時代の
全体像を把握できます。

128　第3部　改革開放後

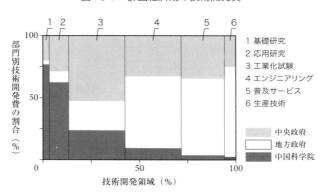

図10-1　計画経済期の技術開発費

出所：国家科学技術委員会（1986）『国家科学技術政策指南』，p.238。

　図10-1の横軸は技術開発費の領域別投入シェアを示し，技術開発の領域が基礎研究，応用研究，工業化試験，エンジニアリング，普及サービス，生産技術と横軸で6区分されています。技術開発担当部門が中央政府・地方政府・中国科学院と縦軸で3区分されています。図の面積は技術開発費の大きさです。3次元（技術開発の領域，政府部門，技術開発費）の内容を2次元で示しているので読みにくいのですが，以下の状況が読み取れます。
　まず，基礎研究を担っているのは中国科学院で，中央政府もある程度の貢献をしていますが，地方政府はないに等しい状況です。技術開発費のシェアからみて基礎研究は重視されていません。応用研究も中国科学院と中央政府が中心ですが，中央政府の役割がやや大です。地方政府の役割はほとんどありません。応用研究も技術開発費ではそれほど重視されていないのがわかります。
　一方，重視されているのは工業化試験とエンジニアリングおよび普及サービスです。工業化試験は中央政府が主役ですが，中国科学院と地方政府もある程度の貢献をしています。他方，エンジニアリングになると地方政府が主役で，中央政府は一定の役割を果たしているものの，中国科学院の貢献は殆どありません。
　普及サービスは中国科学院や中央政府が開発した技術を使用して生産活動をする工場へのサービス活動を指していると思われます。普及サービスの中心は地方政府です。最後の生産技術は工場現場での技術開発関連費用でしょう。生産技術も殆ど地方政府です。

以上の分析からみた全体像は，基礎研究と応用研究は中国科学院が中心になっ
て技術開発の土台を築き，工業化試験は中央政府が中心となり，工場建設では地
方政府が中心となってエンジニアリング業務を行い，生産開始後は地方政府中心
で管轄，という姿です。

　計画経済時代は国営企業の任務は中央政府管轄下の研究院・設計院からの設計
図で定型化し，標準化された製品の大量生産をすることでした。その結果，国有
大企業といえども技術革新の主体ではありませんでした。技術開発と生産が分離
された結果，需要面からの技術革新は生まれない構造になっていました。

　では生産構造はどうであったか。自力更生政策下，小型工場を数多く地方に建
設する分散した生産を指向したことを前章で指摘しました。それ故に，規模の経
済を追求した世界の技術革新の流れから大きく取り残される結果になりました。
同時に，国際社会から隔離された環境のため最新の技術情報が入手できず，技術
革新は停滞したのです。

4．西側技術導入

　ここで注意すべきは，毛沢東は自力更生を強調したものの，決して鎖国政策を
取ったのではないということです。事実，毛沢東時代の中国は国際政治情勢が緩
和した時期を巧みに選んで選び，西側諸国から大規模な先進技術を導入しました。
その最初は大躍進後の1963-65年です。具体的には，1963年から予定の第3次
5ヶ年計画に化学肥料と化学繊維の発展計画が盛り込まれ，大規模西側技術導入
が計画されました。

　しかし，当時の緊迫した国際情勢から毛沢東は1965年5月の中央工作会議に
おいて前章でのべた「三線建設」を提起することになり，結局，第3次5ヶ年計
画の構想は覆されました。ほどなくして文化大革命となり構想はさらに後退しま
した。そのため，1963-65年に図られた西側技術導入は経済効果が小さく，国
産技術開発にも貢献しませんでした。

　さらにいうならば，大量生産を軸とした近代的生産体制は，地方分散の小型工
場では確立が困難でした。その具体的な事例がすでに考察した石油化学における
国産技術確立の失敗です。表現を変えると，中国の経済体制では世界の技術変化
に適応するのが困難であり，その穴埋めとして中国は常に西側技術輸入依存に陥

ったといえます。

　このような中で，1972年の米中和解の機会を捉えて，肥料・合繊・石油化学を中心に初めての本格的な西側技術導入となったのです。中国石油化工総公司（SINOPEC）の初代総経理で後に国家計画委員会主任に転じた陳錦華の回顧録によると，技術導入に際しては次の6つの原則が唱えられました：

　①独立自主を堅持すること。
　②導入した技術は消化・吸収した上に創造革新に取り組むこと。
　③輸出入をバランスさせること。
　④導入プロジェクトは既存工場に建設し投資額を減らすこと。
　⑤当面のことと長期的な将来の双方に配慮すること。
　⑥輸入設備の大部分を沿海に立地し内陸立地は一部に止めること。

　第1，第3，第5は当然でしょう。第2は輸入した設備と技術を国産技術確立に応用すべしということでこれも当然です。注目すべきは第4と第6。計画経済時代，海外技術導入は既存の工場全体に影響を与えるため，新工場建設により海外技術を導入しました。それゆえ第4は計画経済時代からの大転換です。第6も内陸重視からの大転換です。こうした新原則下で導入されたため，計画経済時代の生産体系に大きな変化が生まれたのです。

　技術導入はプラント輸入という形でなされました。プラント貿易は第2次世界大戦後に登場した新しい形態で，単に設備・機器類の輸出に留まらず，設計や現地での建設工事を伴い，多くの技術者が現地で生活し，設備完成後は試運転などの教育・研修活動をします。プラント貿易はサービスを含むシステム商品の提供です。

図10-2　プラント輸出のプロセス

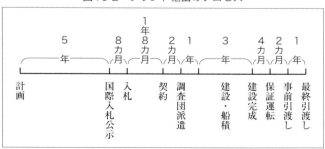

出所：通商産業省通商政策局（1976）『図説通商白書』通商産業調査会，p.101。

第10章　大規模な西側技術導入　　131

　図10-2はフル・ターン・キー契約[24] をベースとしたプラント輸出のプロセス
を図示したものです。フル・ターン・キー方式は確実に輸入国の生産水準を引き
上げますが，技術の先進国依存が強まり，国産技術育成にはマイナスになりがち
です。技術国産化を重視する中国はフル・ターン・キー方式を採用しないので，
図10-2は中国のプラント輸出の実態と異なりますが，長期に亘るプラント貿易
の特徴がわかります。

　また，プラント貿易は1件当たりの金額が大きく，資金回収に長期間を要し，
国内外の政治が関係します。対中国プラント商談には輸銀融資や貿易保険といっ
た政府支援がないと契約が成立しません。国交がない日中間の商談では否が応で
も政治が絡みます。

　鉄鋼などの輸出は相手国企業に被害を与えることがあり，その結果，アンチダ
ンピング訴訟がWTOの場に持ち込まれたりします。ですが，プラント輸出は輸
出先の産業育成に寄与するので，発展途上国から歓迎されます。ただし，システ
ム商品を輸入するので西側諸国の考え方が社会に入ります。そのため，中国政府
当局は，プラント輸入で多くの外国人技術者が長期間滞在し，西側思想が中国社
会に広まることを警戒しました。

表10-1　西側技術導入の国・地域別シェア

	73-78	79-82	73-82	81-85	86-90	91-95
日本	53.4	45.0	49.7	24.4	13.6	18.9
アメリカ	5.2	9.0	6.9	24.7	13.5	14.6
ドイツ	23.8	19.9	22.0	21.2	9.8	14.4
イギリス	5.3	1.9	3.7	2.3	6.7	3.7
フランス	7.6	6.2	7.0	9.3	15.8	7.8
イタリア	na	na	na	4.8	13.4	11.8
東ヨーロッパ	0.6	4.7	2.4	2.3	10.6	7.2
その他ヨーロッパ	4.0	13.2	8.2	14.1	14.7	19.2
その他地域	0.1	0.1	0.1	1.7	15.3	14.1
合　計	100.0	100.0	100.0	100.0	100.0	100.0

出所：横井陽一「日中間の技術・プラント取引：国交正常化後25年の発展と今後の展望（上）」
　　　『日中経協ジャーナル』1997年8月号，p.57。

132　第3部　改革開放後

表10-2　中国技術導入の産業分野別シェア　　(単位：%)

時期区分		第1次	第2次	第3次
年代		1963-66年	1973-77年	1978-79年
導入先		日欧	日米欧	日米欧
エネルギー	石油	5.8	2.0	1.7
	石炭	0.0	3.0	11.5
	電力	5.0	13.8	11.5
	計	**10.8**	**18.8**	**24.7**
鉄鋼・非鉄金属		31.7	20.1	26.1
化学		39.8	49.6	36.6
建築材料		0.0	0.2	1.6
機械・電子		10.9	3.1	1.1
軍需		0.0	5.6	6.3
輸送・通信		0.0	0.9	0.5
農業・林業・水利		0.0	0.0	0.1
軽工業		5.0	1.1	1.7
その他		1.8	o.6	1.3
合　計		**100**	**100**	**100**

注：化学は合成繊維を含む。
出所：陳慧琴（1981）「我国三十年来技術引進工作経済効果初歩分析（上）」『復印
　　　報刊資料　工業経済』（16号）中国人民大学書報資料社，pp.34-35及び横井
　　　陽一（1997）「日中間の技術・プラント取引－国交正常化後25年の発展と今
　　　後の展望（上）」『日中経協ジャーナル』1997年8月号，p.57を基に筆者作成。

　ここで中国に技術を供与した国と技術導入分野をみます。最初は技術供与国。
表10-1はそのシェア推移です。日本は80年代以降減少しますが，70年代から
80年代初期にかけて圧倒的です。なお，表にはない60年代の日中両国はLT貿
易[25]が貢献しましたが，LT貿易を推進したのは主力の鉄鋼や肥料ではなくプラ
ント貿易でした。

　プラント商談は政治の影響を受けます。中国は1959年から極度の疲弊状態に
あり，抜本的な対応策が必要でした。ここで動いたのが親中国派の政治家と日中
貿易を必要とする経済界です。1962年9月に訪中した松村健三は，日本は肥料，
鉄鋼，プラント，中国は石炭，塩，鉄鉱石，大豆を輸出する長期貿易を，周恩来
と話し合いました。松村・周会談に基づき同年11月にLT貿易覚書が調印されま
した。覚書は池田内閣に尊重されてLT貿易は準政府間貿易となり，国交正常化
に向けて重要な働きをしました。

　一方，中国はヨーロッパ諸国とも接触しました。長らく中国に権益を持ったイ

ギリスはアメリカの政策と一線を画していました。1964年1月中国と国交正常化したフランスも独自の中国政策を目指し，その他も現状を客観的にとらえていました。中国は1964年にイギリス，フランス，西ドイツ，イタリア，スイス，オーストリア，オランダにミッションを派遣して西側技術導入契約をしました。

次は技術導入分野。表10-2は産業分野別シェアです。表から明らかなように，1960年代から1970年代にかけて化学は技術導入の最重要分野でした。化学のなかでは肥料，合繊，石油化学が技術導入の柱でした。

5．実績をあげなかった第1次技術導入

表10-2の3つの時期の技術導入のうち，第1次はアメリカ・台湾の政治的妨害や文化革命の影響で殆どが実績を出すことができませんでした。その状況をみます。

中国が日本とヨーロッパから大量の先進技術導入契約を結ぶと，台湾とアメリカは政治的に妨害活動に動きます。日本の場合，すぐ後でのべるように，倉敷レーヨン（現クラレ）のビニロンプラント契約は実施されたのですが，続くニチボーのビニロン商談，東洋エンジニアリングの尿素プラント商談が吉田書簡[26]により破棄されました。別途，日立造船のプラント輸送用貨物船輸出契約も破棄されました。アメリカはヨーロッパ諸国に圧力を与え，多くの輸入契約が破談になりました。

第1次の中でクラレのみ実績をあげたのは何故か。それはクラレのプロジェクトが最も早かったこと，日本の政界・経済界・官庁等日本の幅広い層がこのプロジェクトを支持したことによります。

クラレ社史によると，対中国ビニロン商談は1958年に中国訪日化学工業考察団が同社の岡山・富山工場を訪れた時に始まったそうです。しかし，その直後に発生した長崎国旗事件で商談は進展しなかったのですが，1960年の池田内閣登場で変わります。政界，経済界，官界等における多くの関係者の熱意で，ビニロンプラント輸出商談は1962年に復活しました。そして，丁度生まれたLT貿易覚書に基づき輸出契約が妥結しました。

池田内閣はこの契約での輸出入銀行資金使用を承認し，ビニロン新工場建設が翌1964年から北京郊外順義県で始まって1966年に中国側に引き渡されました。

この間，100名を越えるクラレ関係技術者が訪中してプラント建設に参加し（写真10-2），プラント完成後は中国人技術者が来日して設備の運転研修を受けました。

写真10-2　ビニロンプラント建設中のクラレ技術者

クラレのビニロンプラント輸出は第1次大規模西側技術導入で順調に契約が履行された唯一の事例。
出所：クラレ（2006）『創新：クラレ80年の軌跡1926-2006』，p.27。

　他方，プラント契約の実行期間である1960年代後半は，文化革命の下で中国社会に外国技術と外国人排斥の動きが蔓延しました。アメリカの圧力をかわして実施されたプラント建設で，西側技術者が排斥運動に直面しました。石油化学開発基地の蘭州では，プラント建設のために派遣されたイギリス人，ドイツ人技術者が追放されました。
　中国資料もこの第1次技術導入の不成功を認めます。陳錦華回顧録の他にも，具体的なプロジェクト名をあげ，原料バランスのミスマッチ，設計でのトラブル，文化革命での社会混乱等で殆どのプロジェクトが失敗に終わったとのべた資料もあります。
　但し，中国向け石油化学プラント商談で活躍された東洋エンジニアリングOBの近藤洋氏によると，例外もあったようです。同氏によると，西ドイツルルギ社から技術導入され蘭州に建設された重質油のサンドクラッカー設備のみは，中国側の特別な保護を受けてドイツ人技術者1-2名が残留し，サンドクラッカーの稼働後に帰国したそうです。
　こうして，中国が日本やヨーロッパから大規模な西側技術導入をしたにもかかわらず，クラレのビニロンプラント以外は実績がないに等しい状態で終わったのです。

6. 実績をあげた第2次技術導入

　表10-3は第2次のプロジェクトの一覧表です。第2次は米中和解と日中国交正常化という国際政治環境下で実現しました。技術導入の主力分野は第2次も肥料，合繊，石油化学で，導入先は日本，ヨーロッパに加えて新たにアメリカが参加しました。

　第2次で注目すべきは肥料と合繊が特別に重要視されたことです。大型肥料プラントが一挙に13基も輸入されて金額で30%弱を占め，肥料が格別に重視されたことが明瞭です。他方，綿花供給が農業に負担となっていたので，化学工業の力を借りて合繊の普及が必要でした。合繊プラント輸入も中国農業支援に必要不可欠なものでした。

　合繊は中国が国産技術を確立できなかったポリエステルとアクリルを中心に，原料部門を含む大規模な石油化学コンビナート計画となり，新たに上海でエチレン年産11.5万トン石油化学コンビナートが誕生しました。上海と四川省にはビニロン工場も建設されました。上海ではエチレン原料のニロン工場が建設され，四川省では天然ガスアセチレン原料のビニロン工場が建設された。原料部門の石油化学を含めた合繊部門が約1／3になります。

　石油化学プロパーとしてはエチレン30万トンを柱にした当時の最先端コンビナートが北京郊外の燕山に建設されました。この契約を受注したのは，第1次で肥料プラント輸出契約を調印したにもかかわらず吉田書簡でキャンされた東洋エンジニアリングです（写真10-3）。東洋エンジニアリングは大型肥料ブラントも2基受注して名誉挽回しました。石油化学の割合は約17%です。残りの約20%が電力と鉄鋼です。

　こうして第2次が大規模に実行され，自力更生の中国化学工業が変貌します。自力更生時代に石油化学技術開発ができず，エチレンに代わりにカーバイドアセチレンを利用して，合成樹脂は塩ビ，合成繊維はビニロン，合成ゴムはクロロプレンで国内経済を支えたことをみました。このような産業構造が第2次の技術導入で大きく変化するのです。

136　第3部　改革開放後

表10-3　1972-74年西側技術導入実績

	プロジェクト	建設開始	生産開始	投資額(万元)	シェア
肥料	滄州化学肥料工場	1973.7	1977.12	24,312	
	遼河化学肥料工場	1974.6	1977.12	34,342	
	大慶化学肥料工場	1974.5	1977.6	267,447	
	栖霞山化学肥料工場	1974.9	1978.10	32,128	
	安慶化学肥料工場	1974.3	1978.12	40,526	
	斉魯第二化学肥料工場	1974.4	1976.7	26,303	
	湖北化学肥料工場	1974.10	1979.8	29,875	
	洞庭窒素肥料工場	1974.4	1979.7	31,329	
	広州化学肥料工場	1974.12	1982.1	50,739	
	四川化学肥料工場	1974.5	1976.12	16,012	
	瀘州天然ガス化学工場	1974.4	1977.3	20,642	
	赤水河天然ガス化学肥料工場	1976.1	1978.12	17,185	
	雲南天然ガス化学工場	1975.1	1977.12	18,759	
	小　計			609,599	28.45%
合成繊維	天津石油合繊工場	1977.9	1981.8	135,819	
	遼陽石油合繊総廠	1974.8	1981.9	290,423	
	上海石油化工総廠	1974.1	1978.5	209,175	
	四川ビニロン工場	1974.8	1979.12	96,131	
	小　計			731,548	34.14%
石油化学	北京石油化工総廠	1973.8	1976.12	261,417	
	吉林化学工業公司	1976.12	1983.12	68,807	
	北京化工第二工場	1974.10	1977.7	12,473	
	小　計			342,697	15.99%
洗剤	南京アルキルベンゼン工場	1976.10	1981.12	26,875	1.25%
発電所	大港発電所	1974.12	1979.10	45,873	
	唐山陡河発電所	1973.12	1978.3	58,672	
	元宝山発電所	1974.9	1978.12	37,194	
	小　計			141,739	6.62%
鉄鋼	武漢鉄鋼公司1700ミリ鋼板圧延機	1972.3	1978.12	276,800	
	南京鉄鋼公司塩化ペレット	1978.1	1980.12	13,611	
	小　計			290,411	13.55%
合　計				3,649,264	100%

出所：陳錦華（2007）『国事憶述』日中経済協会，pp.29-30。

写真10-3　燕山石油化学プラント輸出契約調印式
1972年北京で行われた燕山 石油化学プラント輸出契約の調印式の光景。写真中央左側は桜井正雄東洋エンジニアリング副社長，右側は李長清中国技術進口総公司副総経理。
出所：東洋エンジニアリング提供。

7．大規模西側技術導入が中国社会に与えたもの

　第1次5ヵ年計画では多くのソ連人技術者が中国に滞在し，社会主義経済を支えるソ連の技術を中国社会に広めました。1960年にソ連人技術者が引き揚げると，中国社会には外国人が皆無になりました。西側との貿易は肥料・鉄鋼・機械等を除くとごく限られたもので，しかも，製品の単純な輸入なので外国人との交流は殆どない状態でした。

　プラント輸出はシステム商品の輸出です。技術移転のため外国人技術者が現地に赴き，中国人技術者が研修で技術導入先の教育を受けます。そして，契約から完成まで通常3-5年を要します。このようなプラント輸出はそれまでにはなかった新しい形態であり，中国社会に大きな影響を与えました。事実，大規模なプラント輸入であった第2次では，設計思想，原料バランス，ノウハウ過小評価等で多くのトラブルが報告されています。

　現場で技術指導した日本人技術者によると，計画経済下で物資の配分に慣れ切っているため，原料のみならず電気・水等ユーティリティでもバランスがとれていないことが少なくなく，そのため苦労するそうですこ。また，設備は完成しても操業開始が遅れたり，或いは，安定操業が難しいことが少なくないといいます。

　また，どの商談でも共通して問題になるのは，中国がハードの設備購入にのみ

関心を示すことで，その結果，最終契約ではソフトのノウハウ部分が削除され，建設工事が遅延し，また，設備は完成したが順調な運転ができない，という事態が多発します。例えば，一挙に13基も導入された大型アンモニアプラントでは，設備本体の購入優先でノウハウやライセンス購入には関心を示さなかったため，長らく生産実績が上がりませんでした。

　プラント輸入に伴うトラブルは西側技術が中国社会に入る過程で生まれました。トラブル解決の中で従来の方式では実績をあげることが出来ないことを悟ります。幅広い分野で実行された第2次技術導入では，このような現象が各地で生まれ，その解決の中で西側の思想の有効性を中国社会に知らしめたと思われます。プラント輸入により中国社会が「西側思想に汚染される」ことを当局が恐れたのは当を得たものでした。

　この2度の技術導入に続くのが経済発展10ヶ年計画で，これが表12-2の第3次に他なりません。経済発展10ヶ年計画では，従来の肥料・合繊・石油化学に加えて，数多くの分野で技術導入が図られました。その結果，中国は西側諸国と当時の外貨準備の6年分もの契約をして決済不能となり，契約破棄という事態に陥りました。しかしながら，その後の実績をみると，経済発展10ヶ年計画の個々のプロジェクトは政策実行の中で実現しています。その状況を次章で考察します。

第11章
国家財政の破綻

1．「経済発展10ヵ年規画」誕生と破綻

　中国の改革開放政策は日本の明治維新から大きな影響を受けています。明治政府は大久保利通や伊東博文を含む新政府の要人108名を岩倉ミッションとして派遣し，2年近くをかけて欧米の先進文化を吸収して帰国したことを第1章で述べました。

　新政府誕生直後の不安定な時期に，これほど多くの国家指導者が2年近くも国を離れたのは，政治や軍事の力学からすると驚異的です。多くの国家指導者の中心メンバーが長期間国を留守にして欧米の技術・文化吸収に努めたこと自体，当時の日本が広く新政府の工業化政策を支持し，国をあげてそれに励んだことを物語ります。

　中国においては，毛沢東から後継者に指名され1976年から中国の政治・経済運営の最高責任者となった華国鋒が，1977年から1980年にかけてこの岩倉ミッションに相当する大型海外使節団を，21回に分けて派遣しました。海外使節団の団長には13名の副総理級の国家指導者が含まれており，訪問した国は51ヵ国にもなります。合計21回の海外使節団の中で現代化路線に大きな影響を与えたのは次の3つです：
　　①日本を訪問した林呼加ミッション，
　　②西ヨーロッパを訪問した谷牧ミッション，
　　③香港・マカオを訪問した段雲ミッション。

　この3つのミッションのうち，上海市革命委員会副主任である林呼加が率いる訪日ミッションに関してはあまり知られていません。林呼加ミッションは1978年3-4月に日本を訪れ，帰国後に，日本が敗戦後目覚ましい復興をとげたこと，そして，日本政府と産業界は中国の発展のために資金と技術を提供する用意があること，を報告しています。

140　第3部　改革開放後

　このミッションが中国の改革開放政策に与えた影響の大きさは，エズラ・ヴォーゲルも評価しています。林呼加ミッション来日の受け入れ窓口になった国貿促の武吉次朗氏によると，中国語文献があまり触れない林呼加訪日ミッションをエズラ・ヴォーゲルが高く評価しているのは慧眼であるとのべています。

　次の谷牧ミッションが与えた影響の大きさは多くの論者が認めるところで，1978年フランス・スイス・西ドイツ・デンマーク・ベルギー5ヵ国を訪問しました。当時，中国はいずれの国とも国交を正常化しており，15都市を訪問して政治や産業界の指導者たちと会談し，同時に，多くの工場，農村，港，市場，学校，研究機関，住宅などを精力的に見て回りました。谷牧ミッションの帰国後の報告は中国の指導部に大きな影響を与えました。最後の香港・マカオを訪問した段雲ミッションに関しては次章でのべます。

　鄧小平はこの時期に中国が派遣した海外使節団で合計4度8ヵ国を訪れましたが，訪問先で最も重要な国は日本です。鄧小平は1978年10月19日から29日を日本で過ごし，多くの日本人から歓迎されました。この時鄧小平は敗戦の中から復活した日本経済と，先進技術を駆使した製鉄所，自動車工場，家電工場を目の当たり見ました。

　華国鋒自身は東ヨーロッパ諸国を訪問しました。そして，エズラ・ヴォーゲルの表現を借りると，華国鋒は「帰国後には現代的国家への視察の信奉者となった」のです。華国鋒は1978年3月の全人代において，周恩来が1975年1月の全人代で打ち出した四つの現代化[27]を再確認し，その具体化した政策として「1976-85年国民経済発展10ヵ年規画」（以下，「経済発展10ヵ年規画」と略記）を発表しました。

　この中で数多くの意欲的な大型プロジェクトが実行に向かって契約されました。不幸なことに，この時の中国は，党中央が最終意思決定し，国家計画委員会が個別に審査批准してプロジェクトを実行する，というそれまでの方式をとりませんでした。

　1978年に契約されたプラント輸入契約は外貨準備額を大きく越え，中国政府の輸入許可がおりないという事態が翌年2月に発生します。一部の輸入契約が不履行となり中国に対する国際世論の批判が高まりました。一方，国内では「経済発展10ヵ年規画」は洋躍進[28]として攻撃を受けました。責任者の華国鋒が批判され辞任に至りました。

　「経済発展10ヵ年規画」の代表としては宝山の鉄鋼プロジェクトが通常言及

されますが，それは宝山プロジェクトが個別の金額で最大だからです。陳錦華の回想録によると，1978年契約の8割にあたる60億ドル前後は大型プラント設備の導入で，その後「22大プロジェクト」と総称されますが，その中で最大の分野は鉄鋼ではなく化学でした。

化学関連プロジェクトは，大慶年産30万トンエチレンコンビナート，（浙江省）鎮海大型アンモニア・尿素工場，貴州アルミ精錬工場など合計14プロジェクトにもなります。当時の中国がいかに化学工業を重視したかがわかります。

中国は輸入契約したプラントの支払いができなくなって海外から批判され，国内では洋躍進として大きな批判を受けました。「経済発展10ヵ年規画」の責任者であった華国鋒の辞任でけじめをつけると，陳雲の提唱する八字方針[29]に基づき，3年間で国民経済を調整することを1979年4月の中央工作会議において決定しました。

国民経済を調整するとは中国独特のわかりにくい表現です。その意味するところは，マクロ経済の混乱を収束させるために財政と金融を引き締める，ということです。「22大プロジェクト」はこの国民経済調整の重点対象となりました。

2．シノペック設立とプロジェクト復活

以上のような「経済発展10ヵ年規画」の挫折の中，1983年7月に設立されたのが中国石油化工総公司（以下，シノペック）です（写真11-1）。陳錦華の回顧録によると，中央政府の中枢部において，1981年の前半から，中国の石油資源を十分に活用した整合的な石油化学工業発展政策の必要性が指摘されるようになりました。

写真11-1
シノペック誕生

1983年7月12日人民大会堂においてシノペックが誕生した。写真左はシノペック設立大会での陳錦華。
出所：陳錦華（2012）『国事続述』中国人民大学出版社，p.98。

142　第3部　改革開放後

　その試みが最初に実行に移されたのが上海です。当時，上海の高橋地区には石油精製工場，化学工場，化学繊維工場，合成洗剤工場および火力発電工場がありました。しかし，それぞれが石油工業部，化学工業部，紡織工業部，計工業部，電力工業部等，異なる系統に分属して管理されていました。そのため，工場間で相互に原料を供給し合うことも，資源を総合的に利用することもできませんでした。

　国務院は上海高橋地区の石油・化学関連工場の統合を検討するためのプロジェクトチームを発足させ，陳錦華が統合後の新組織の責任者に指名されました。1981年11月に誕生した上海高橋石油化工公司は，部門や業界の垣根を越えて連合した初めての経済主体であり，その後の石油化学関連企業再編成の先例となります。紡織工業部・軽工業部出身の陳錦華は，当時，上海市党委員会の副書記であり上海市政府の常務副市長でした。

　別途，1981年9月，国務院は石油化学工業と合成繊維工業の総合利用計画小組を発足させ，組長には康世恩国務院副総理，副組長には国家科学技術委員会の楊浚と国家計画委員会の林華が任命されました。国家計画委員会の林華は，新政府の東北復興で吉林の化学コンビナート再建に活躍した人物で，第7章でのべた人物です。

　上海高橋石油化工公司に続き，南京の石油・化学・合繊関連工場が統合されて金陵石油化工公司となり，（遼寧省）撫順でも統合された結果撫順石油化工公司が誕生します。この再編成により，従来のばらばらな多頭指導，縦割・横割による組織の分断化，管理の分散化などの弊害が局部的に改善され，生産と経営の一体化が強化され，経営効率と企業収益が向上しました。さらに天津と（遼寧省）錦州でも統合されました。

　党中央と国務院がシノペックを設立したもう一つの目的は，一旦は破綻した「経済発展10ヵ年規画」の個別プロジェクトの復活です。1978年に契約した10件の大型石油化学プロジェクトの実施が重視され，その中でも，重点は大慶，斉魯，揚子，上海の年産30万トンエチレンプロジェクトの復活でした。

　この4大プロジェクトの中では，先行していた大慶，斉魯，揚子に関しては，国家計画委員会の批准を得て，国家資金が投入されて計画復活が実行されました。中国政府は日本からの180億円，ドイツからの1億ドイツマルクをはじめとする諸外国からの公的借款，および，一般商業借款に利用により，合計30.4億ドルの資金を調達しました。こうして得た国家資金によりプロジェクトを実施したの

です。

　他方，プロジェクトの進捗が遅れていた上海の年産30万トンエチレンプロジェクトは，国内と外国からの商業借款によりシノペック自力の資金調達で実施することになって苦難の道を歩みました。プロジェクトを受注した東洋エンジニアリングOB近藤洋氏によると，東洋エンジニアリングは経営トップが再三訪中し，ようやく建設開始にいたりました。

　上海の年産30万トンエチレンプロジェクトは，元来が南京の2番目のエチレンコンビナート計画です。立地が上海に変わったので設計の変更をし，既に南京に搬入されていた設備・材料の上海への転送など大変な苦労があったそうです。1987年3月に本格的な建設工事に入って1989年12月オイルイン[30]にこぎつけ，さらにオイルイン後16時間15分でエチレンオンスペック達成[31]の快挙を成し遂げたとのことです（写真11-2）。

写真11-2　上海年産30万トンエチレン設備完成を
　　　　喜ぶ東洋エンジニアリング技術者

契約調印後，工期延長，一部キャンセル，立地変更，外貨調達難，工事長期化等を乗り越えて11年後に上海の年産30万トンエチレンプロジェクトが実現した。設備完成後のエチレンオンスペック達成を喜ぶ東洋エンジニアリング技術者。
出所：東洋エンジニアリング提供。

3．「日中長期貿易取決め」

　鄧小平や陳雲は早くから年譜や文選などの公的資料が整えられていますが，近年はさらに李先念や谷牧などの伝記や回顧録が次々に出版されています。このよ

144　第3部　改革開放後

うな新資料を基にこの時期の中国の経済発展モデルは日本であった状況を検証し、改革開放で日本の果たした役割が非常に大きかったことを指摘する研究業績が発表されています。

　本書でも改革開放において日本が演じた大きな役割を何度か述べましたが、具体的な事例として2つを取り上げます。一つは「日中長期貿易取決め」の締結で、もう一つは日中経済知識交流会です。まずは「日中長期貿易取決め」の締結から。

　「日中長期貿易取決め」は1978年2月北京の人民大会堂において、日中長期貿易協議委員会の稲山委員長、土光経団連会長、中日長期貿易委員会の劉希文主任、李強対外貿易部長らの出席の下で締結されました。「日中長期貿易取決め」はプラント問題で苦しむ中国に大きな支援を提供しました。しかし、その締結日1978年2月が示すように、以前からの日中貿易の長い歴史の中から生まれたものです。

　現代化に取り組む中国は、従来の肥料や鉄鋼の輸入に加え多額のプラントや機械の輸入が必要でした。ですが、中国の輸出品目は繊維などの軽工業産品や農産物などに限られていました。他方、大慶油田の生産が拡大して石油の輸出が有望でした。しかし、中国の資源を外国に売ることは売国であるとする考えが、当時の中国社会では広く共有されていました。特に、四人組は石油の対日輸出構想を激しく攻撃していました。

　しかし、現代化に取り組む中国は、石油・石炭の輸出でプラント・機械・技術の支払いにあてる道を選び、日本は石油・石炭資源開発に協力することを申し入れました。日中間の輸出入は基本的にバランスする必要がありますが、年毎には当然にバランスしないことがありえます。それを埋めるための国際的に妥当な形による金融支援の方策として「日中長期貿易取決め」が1978年からスタートしたのです。

　この「日中長期貿易取決め」は、プラント問題で一旦は破綻した個別プロジェクトの復活に大きく貢献しました。その状況を中国が最も重視した年産30万トンエチレンコンビナートの4大プロジェクト（大慶、斉魯、揚子、上海）の復活です。紙面の制約で詳細は割愛します。興味のある読者は『化学経済』2014年9月号をご覧下さい。

4．日中経済知識交流会

　改革開放で日本が果たした大きな役割の次の事例は日中経済知識交流会です。日中経済知識交流会は現在の日本でもあまり知られていませんが，国有企業改革に大きな影響を与えていて，現代中国の経済と企業を理解するにはとても大切です。日本の経験が，明治維新のみならず戦後復興も，中国の現代化政策に影響を与えた好例です。

　中国経済の最前線で経済活動をするのは今も昔も企業です。ですが，計画経済時代の企業と現在の企業ではその存在と機能が全く別のものでした。計画経済期代の国有企業は，単に生産活動を行うだけでなく，ピラミッド型行政組織体系に付属する「単位」です。同時に，属する人員に関しては出生から墓場まで無限の責任を負う共同体でした。

　このような国有企業は改革開放政策の下で大きな変化をとげます。株式会社や有限会社などの現代企業制度（以下，公司制）の導入により，「単位」制企業の公司化が推進されるとともに，社会保障制度の確立により，共同体としての企業の役割を解消することが国有企業改革の中で不可欠なものになりました。

　「単位」制国有企業の公司化により多くの出資者による企業法人が生まれ，法人の財産に対して国から独立した支配権を持って民事責任を負う，法人財産権の確立を目指した改革がなされました。伝統的な「単位」制国有企業は，法人として独立した私的所有形態をとるべく，「政企分開」（行政と企業の分離）と「両権分離」（所有権と経営権の分離）によって民営化が進みました。

　伝統的な「単位」制国有企業を経済合理性で行動する企業に改組するには，社会制度としての「単位」制の解消が必要です。「単位」制国有企業を民営化で近代的な企業に改造せねばなりません。企業経営は共産党の理念に基づいた経営ではなく，董事会を中心にした経営者の経営判断に基づく運営に変えねばなりません。

　このような計画経済時代と全く異なる企業理念を，中国社会に与える点で貢献したのが日中経済知識交流会です。しかしながら，日本では日中経済知識交流会は何故か話題にのぼりません。交流会誕生に関与された福井県立大学名誉教授の凌星光氏によると，中国側の要請で交流会は非公開とされたそうです。おそらく，そのため報道されることなく，話題にならなかったのではないかと思います。

　日中経済知識交流会は，戦後日本の経済復興と高度成長に貢献した元外務大臣

146　第３部　改革開放後

の大来佐武郎と，中国経済政策実行の中心人物の一人であった副総理谷牧の合意により 1980 年に発足しました。戦前大連で生まれた大来が戦後はじめて訪中したのが 1972 年 4 月で，この時の訪中は三木武夫の要請によるものでした。

　三木の訪中はニクソン訪中の 2 ヵ月後，田中・大平訪中の半年前です。時の日本の首相佐藤栄作は国交正常化に消極的であったので，三木訪中の目的は日本には日中国交正常化を望む大きな声があることを中国側に伝え，国交正常化の瀬踏みをすることでした。三木は周恩来と面談して国交正常化に向けて意見交換し，大来は周恩来から日本経済に関する諸々の質問を受け，会談は盛り上がって 8 時から始まった宴会は 12 時近くまで続きました。以後，大来は度々訪中することになります。

　大来の 2 度目の訪中は 1979 年 1 月です。今回は新日鉄会長で経団連会長でもあった稲山嘉寛の要請による訪中で，稲山は谷牧副総理から中国の政策転換にあたって戦後日本の経済発展を勉強したいので適当な人物を紹介してほしい，と頼まれて大来を推薦しました。大来に同行したのは，後輩の官庁エコノミストで総合研究開発機構理事長の向坂正男と日本興業銀行調査部次長の小林実です。

　春節の最中であったこの時は，春節休暇を利用した勉強会が開催され，谷牧を初め国家計画委員会副主任の甘子玉，社会科学院副院長の馬洪等々の経済政策の企画立案にああたる幹部が春節休みを返上して出席しました。大来は「日本の経験と中国の経済発展」と題した講演をし，それは印刷されて鄧小平他の関係者に配布されました。

　1979 年 11 月大平内閣の誕生で外務大臣となった大来は，12 月に大平首相に同行して鄧小平や華国鋒に面会しましたが，この時は外務大臣としての訪中でした。1980 年 6 月に大平の急逝で外務大臣の職を辞すると，大来の中国との交流が再び始まりました。そして，1980 年 10 月に訪中した大来は，谷牧から引き続き経済専門家との交流を継続したいとの要請を受け，経済知識交流会を設立することになったのです（写真 11-3）。

　第 1 回会議は 1981 年 5 月に箱根で開催されました。翌 1982 年 5 月は中国側の招聘で日本側メンバーが北京を訪れ，趙紫陽総理との懇談も含めて中国側と話し合い，さらに移動して重慶から揚子江を下って 3 日間に亘る船上会議が持たれました。中国は日中経済知識交流会の果たした役割を高く評価して会議は継続されており，日中関係が戦後最悪であった 2012 年，2013 年でも継続して開催されました[32]。

写真11-3　日中経済知識交流会
1986年8月，新疆ウイグル自治区ウルムチで開催された第6回日中経済知識交流会にて。写真中央が大来佐武郎，右は谷牧国務委員。
出所：大来洋一氏提供。

　交流会が始まると相手国経済の基本的な事項や問題について重複する質問が繰り返されることが度々ありました。両国の経済制度や理論の相違から正確な理解が困難だったのです。そのため，基本的な経済問題について事典を作ることになりました。

　事典作成の編集委員会が作られて多くの経済専門家が動員されました。国境を越えた共同作業には多くの困難がありましたが，国交正常化十周年記念行事として1982年12月完成しました。ホテル・ニューオータニで開かれた事典出版記念パーティには，伊藤正義元外相と宋之光駐日大使も出席し，両国の関係者の労をねぎらいました（写真11-4）。

写真11-4　現代日中経済事典完成記念パーティ

記念パーティでフォーラム'80（大来佐武郎主催）メンバーから記念楯を贈られる両国共同編集会議代表の大来佐武郎（右）と房維中（左）。
出所：グラビア「日中合作：現代日中経済事典完成記念パーティ」『東洋経済』No.4429，1983年2月12日号。

148　第3部　改革開放後

5．小宮東大教授の指摘

　こうして日中の経済学者間の知的交流のインフラが整備され，日本の経済学者が頻繁に訪中するようになります。中国が交流を望んだ経済学者は，当時の日本で経済学界を依然として主導していたマルクス経済学者ではなく，西側の資本主義経済を分析・研究するいわゆる近代経済学者でした。その代表的な人物が小宮隆太郎東京大学教授です。

　小宮は1983年に北京開催の「日中経済学術シンポジウム」出席のため初めて中国を訪れました。小宮のそれまでアメリカをはじめとする先進国を多く訪問して発展途上国を殆ど訪れていません。それは「中国，朝鮮半島をはじめ日本がかつて侵略した地域については心理的障害が大きく，できればかかわりを持ちたくないという気持ちが強く，避けて通ってきた」ためだったそうです。

　しかし，最初の中国訪問は小宮に一種のカルチャーショックを与え，その後，小宮は少なからぬ知的興奮を覚えて中国経済分析に研究時間を投入するようになります。そして，不思議な魅力をもつ中国経済を知るために度々訪中し，1983年から1987年にかけて12企業を訪問した小宮は，中国が企業とよぶ「工廠」の行動を観察して分析しました。

　多くの場合，中国の「工廠」は特定の生産工程を担当しており，日本のように全国各地に複数の事業拠点を持つような存在ではありません。ごく少数は国務院の「部」または委員会の管理下にありますが，たいていは地方政府の管理下にあります。

　「工廠」は国営企業の最も基本的な組織と言われていましたが，日本の企業のような意思決定の主体とは著しく異なる存在でした。このような「工廠」は，その役割から日本における対応物を求めるとすれば，企業ではなく工場であり，日本の一つの企業に属するいくつかの工場のうちの一つに対応しています。小宮はこのような観察から「中国には企業は存在しない」という名言を残したのです。

　小宮の「中国には企業は存在しない」という分析は，市場経済を目指す中国の政策当局に大きな衝撃を与えました。そして，その後の国有企業改革に大きな影響を与えました[33]。小宮の影響を強く受けた経済学者の一人が朱紹文です（写真11-5）。朱紹文は「企業は市場経済の最前線の組織である。企業は市場での競争の主体であり，企業が自らの意志で自由に経営戦略を遂行できるかどうかが生存

発展の決め手である」として，政府の意向に依存しない企業経営の重要性を中国社会に説きました。

写真11-5　朱紹文

朱紹文は1915年江蘇省生まれ。戦前日本に留学して一高，東京大学経済学部で学ぶ。改革開放後，中国社会科学院に入る。中国社会科学院日本市場経済研究中心理事長。度々来日して東京大学客員教授。（イギリス）グラスゴー大学客員研究員。北京大学客員教授。
出所：中国社会科学院科研局組織編選（2009）『朱紹文集』中国社会科学出版社，巻頭写真。

第12章
政 策 の 転 換

1. 技術導入政策の変化

　前章は大規模西側技術導入で財政危機になり，技術導入契約が破棄されたり延期されたりしたものの，多くのは形を変えて復活した状況を論じました。中国の政策はこれを機に大きく転換します。政策転換は大きく2つに区分できます。一つは技術導入よりも技術改造を重視したことで，もう一つは経済特区を設置です。

　趙紫陽は1980年12月の第5期全人代で技術導入より技術改造重視の方針を明確にし，海外からの技術導入が必要な場合は，中国の生産技術，資源条件，管理水準に適した技術の導入が強調されました。同時に，資金計画が重視され，企業が自己資金でまかなうか，直接銀行から融資を受けることが義務付けられました。

　他方，全く新しい試みが始まりました。経済特区による外国企業の技術と資金の導入です。経済特区は日本や台湾や韓国などの経済成長をモデルに始まったものです。技術導入は委託加工，合作生産，補償貿易という形式をとり，いずれも中小規模でローテク製品が主でした。経済特区での企業行動は社会主義理念と乖離し問題が度々発生しました。

　問題が大きくなるごとに経済特区の発展にブレーキをかけたのが保守派の総帥陳雲です。陳雲は改革開放路線を基本的には支持しましたが，現実の政策実施では鄧小平と意見を異にしました。さまざまな問題がおきると，常に陳雲をはじめとする保守派が改革開放の動きにブレーキをかけたのです。鄧小平と異なり陳雲は今日では馴染みが薄い存在ですので，若干のスペースを取って陳雲を紹介します。

2. 陳雲と鄧小平

　陳雲は国共内戦時に東北の経済建設で実績をあげた人物です。初代の重工業部

長でもあります。新中国成立後のインフレを抑えたのは陳雲の功績で，以後，長らく経済運営に参画し経済に最も明るい国家指導者でした。経済合理主義者の陳雲は，毛沢東の大躍進の行き過ぎを諫めようとして，毛沢東に冷遇されました，しかし，政治的な野心を持たない人物なので激しい攻撃は受けず，指導的職務から解除されただけでした。

　一方，陳雲と鄧小平との関係は長らく良好で，1930年代からお互いに深く関係し合いながらキャリアを形成してきました。陳雲の党内の地位は高くなかったのですが，1978年の中央工作会議とその後の3中全会で政治権力が華国鋒から鄧小平に移行する際に重要な役割を演じたため，以後，陳雲は党内で確固たる地位にありました。

　過度の技術導入で国家危機に直面した時，陳雲は「調整・改革・整頓・向上」8字方針で引締め政策をリードし，中国経済は危機を脱しました。これは陳雲の功績です。良好だった長年の鄧小平との関係は1981年から82年に変化し，1984年以降は政治路線で対立しました。しかし，陳雲は病弱で軍隊経験が殆どなく，政治的な野心もありませんでした。毛沢東死後は鄧小平が最高指導者にふさわしいと陳雲は語っていました。

　陳雲は計画経済の枠を踏み外さない経済運営を重視しました。陳雲の哲学を表すのが鳥籠経済論です。「経済は鳥のようなものだ。手の中に閉じ込めておくことはできず，飛ばしてやらねばならない。だが，遠くへ飛んで行ってしまうかもしれない。だからこそ，それを制御するために鳥籠が必要なのだ」という経済運営です。

　鳥籠経済論を簡単にいえば「計画経済を主とし，市場経済を従とする」となります。鳥籠経済論は従来の社会主義計画経済理論に比べれば大きな進歩ですが，経済改革とりわけ都市部の改革の加速に歯止めをかける結果となりました。そのため，市場の発展を妨げる時代遅れな考え方と批判されることも少なくありません。

　改革開放期の国家指導者は折にふれて経済特区を訪れて成果を称賛しました。しかし，陳雲は国家指導者の中で特区に足を運ばなかった人物として知られています。当初，上海は経済特区の有力候補だったのですが，陳雲は上海を実験区にすることに強く反対し，そのため，この時点では上海は経済特区からはずれました。

　陳雲は一貫して発展速度が速すぎるのを懸念し，インフレ抑制に積極的でした。

一方，鄧小平は実験的な試みはどんどんやるべきだと考え，党の枠組みにとらわれずに仕事をこなし，西側に門戸を大きく開きました。対立はあったものの表面化しないようお互いに注意し，公の場での意見の相違が目立たぬよう配慮しました（写真12-1）。

写真12-1　鄧小平と陳雲

鄧小平と歓談中の陳雲。写真左が陳雲，中央が鄧小平。右は李先念。
写真撮影は1986年10月。
出所：中共中央文献研究室編（2005）『陳雲伝（下）』中央文献出
　　　版社，p.1516。

3．香港・マカオを訪問した段雲ミッション

　経済特区設置のきっかけは前章では説明しなかった香港・マカオを訪問した段雲ミッションです。団長の段雲は国家計画委員会副主任であり，ミッション参加したメンバーは国家計画委員会と対外貿易部の幹部で，金融面，工業面，管理面で香港・マカオがどの程度支援しうるのかを評価することが使命でした。

　当時，香港は中国と外国の経済交流の中継地として重要な働きをしていました。香港は西側諸国にとっては中国との貿易の拠点，中国にとっては輸出振興と技術，設備導入の窓口でした。香港製品の流入と香港企業の大陸市場開拓も進行し，中国にとって香港は最大の貿易相手でした。

　段雲ミッションは香港政庁のみならず香港経済を支える人々を訪問し，また，インフラや香港社会を幅広く観察しました。というのは，当時，広東は治安問題

に悩まされてからです。毎年，何万人もの若者が走ったり泳いだりして香港へ逃げ，命を危険にさらしていました。北京はこれを安全保障問題とみて，32キロの境界線全体に有刺鉄線フェンスを張り巡らし，数千人もの警官や兵士を国境警備に就けていました。

　1977年の広東省視察時にそれを知った鄧小平は，この問題は警察や軍隊では解決できない，問題は生活水準の格差で生じている，解決には政策を変え中国で暮らす人々の生活改善が必要と語りました。鉄条網や辺境警備を増やしても解決にはならない，広東の経済改革を進めて若者が香港に逃亡しないようにすることだ，と述べたのです。

　香港を訪問した段雲ミッションは，香港との境界にある広東省宝安県に輸出加工区を設置する可能性を探りました。そこに材料を海外から持ち込み，中国人労働者の手で製品に仕上げ，関税などの制限を受けずに輸出することが可能かどうかを検討しました。そして，数ヵ月後，国務院はそうした地域の設定を正式に許可しました。

　段雲ミッション帰国後香港マカオ弁公室が国務院に設立され，李強対外貿易部副部長が北京と香港政庁の関係強化のため1978年12月香港訪問しました。李は香港総督マレー・マクレホースと会談し，香港が中国の現代化に貢献してほしいと要請して北京に招きました。段雲ミッションの香港訪問を契機に，香港は世界の経済発展に関する知識と資本を中国にもたらす重要なパイプ役となったのです。

4．広東省と福建省での実験

　段雲ミッションが帰国して間もない1979年1月，香港との境界の広東省宝安県蛇口に工業団地設立決定しました。宝安県は深圳市と3月に改名し，深圳市と珠海市が輸出特区となりました。やがて，輸出特区は経済特区と呼ばれ，1980年8月の全人代で広東省の深圳，珠海，汕頭と福建省の厦門に経済特区の設置が決まりました。

　経済特区設置構想を北京に提出して了解させたのが広東省党書記の習仲勲です。習仲勲は林彪事件後の人民解放軍をまとめて人望の厚い広東省出身の葉剣英元帥の助言と支援を受け，広東省経済の活性化と国際経済への門戸開放に貢献しまし

154　第3部　改革開放後

た。いうまでもなく，習仲勲は現在の中国共産党の頂点に立つ習近平の父親です。

　習仲勲は1979年4月の中央工作会議で構想を提出し，鄧小平は中央政府の資金援助なしとの条件で承認しました。資金や技術の導入には外国と同じ経営環境が必要であることを習仲勲は主張し，外国資本誘致の特別策と柔軟な措置が認められました。鄧小平は当初「特区」として承認したのですが，陳雲は「特区」が政治的な試みをしないよう「経済特区」とすることを主張し，鄧小平は陳雲のいう「経済特区」に同意しました。

　福建省の厦門に経済特区が設立されたのは台湾への配慮です。4地区（深圳・珠海・汕頭・厦門）に共通するのは地理的に香港や台湾に隣接することで，歴史的にみると，広東省も福建省も海外との接点が深い省です。華僑の多くはこの地区の周辺から海を渡って世界各地に出かけ，両省はともに海外華僑からの寄付や投資で道路や教育・娯楽・福祉施設が多く，地元住民の生活水準が高い状況下にありました。

　経済特区導入では重要な配慮がありました。政治の中心地北京や経済の中心地上海から離れた南の中小都市を実験場として選んだことです。経済特区に流入する西側文化や価値観がどのように中国社会に影響を及ぼすのか，それを地方都市で実験してみようとの判断がありました。また，経済特区での実験が失敗した場合のマイナス影響を最小限度に食い止めるという政治的配慮もありました。

　経済特区に指定された4都市は人口が中規模の地方都市で，伝統的な商工業およびサービス業以外に近代産業が殆どない点でも共通点があります。上海と異なり，広東と福建には工業が殆どなく，仮に実験が失敗してもリスクは小さいと判断されました。

　経済特区での活動が現実に始まると諸々の問題が発生しました。大きな問題になったのは外貨の闇取引や密輸などの経済犯罪です。経済特区内の企業が輸入特権を利用して闇取引で荒稼ぎをしたからです。それにもかかわらず胡耀邦と趙紫陽は経済特区を推進し，他方，陳雲は経済特区の副作用に注意せねばならないと歯止めをかけました。

　以後，現実には，保守派からの激しい攻撃を受けながらも経済特区は成長を遂げます。そして，1984年4月，深圳，珠海，厦門を視察した鄧小平は，経済特区の発展を称賛し，特区の建設と開放を一層進めるべきことをのべました。

5.「一国二制」

　広東省と福建省における経済特区の実験は，香港，マカオの返還問題と台湾問題からも必要なものでした。香港は1898年にイギリスが99ヵ年の期限で清朝から北京条約により租借したもので，1997年が返還の年です。1982年9月から中国とイギリスの交渉が始まり，1984年12月両国は合意に達して中英共同声明が調印されました。

　この共同声明で1997年6月30日をもってイギリスの香港統治は終了し，1997年7月1日より中国が香港に対する主権を回復することになりました。香港は特別行政区としてその後50年間，「一国二制」の下で，外交と防衛を除く高度の自治を享有し，現行の制度を維持することが定められました。香港返還2年後の1999年はマカオがポルトガルから返還される年でした。

　元来，「一国二制」は台湾統一政策として構想されたものです。これは中国共産党の祖国統一が武力解放路線から平和統一路線に転換したことの象徴でもあります。しかし，「一国二制」は単一国家を条件に実施されるものであり，複合制の若干の特徴を持つとはいえ，その主体は社会主義です。

　1984年にアメリカのレーガン大統領が訪中し米中関係は一層好転します。米中関係の改善により台湾の大陸との対立関係が緩和しました。中国政府は金門諸島に対する砲撃停止を宣言し，台湾に対し三通[34]の実施と対話を呼びかけ，これに応えて，台湾は大陸への親族訪問を解禁し，民間企業の香港経由の大陸貿易活動を容認するようになりました。

　しかし，台湾は「一国二制」は受け入れられないとしました。また，香港住民も「一国二制」による香港返還後の不安は大きく，中国共産党独裁下の生活に不安を抱く香港住民がアメリカ，カナダ，オーストラリア等に海外移住するようになりました。海外移住者は技術者や管理職が多く，共産党や国務院に人材流出の危機意識が生まれました。

　「一国二制」は香港，マカオ，台湾との関係から必要なもので，「一国二制」を機能させるために中国当局の政策変化が必要です。経済特区の設置は国内の経済体制とは異なる特殊な体制を持つ地域を作ることであり，経済特区の成功は単に改革開放政策上必要のみならず祖国統一のためにも必要でした。

156　　第３部　改革開放後

６．経済特区の拡大発展

　４都市を試点[35] とした経済特区における実験では，社会主義理念に反する問題が生じて実験と調整，再実験と再調整が繰り返され，実験を通じ４都市は大きな経済発展をとげました。1982年から83年にかけて中国経済は高度成長とインフレ抑制に成功し，陳雲の指揮する中央規律検査委員会は広東省を評価すると表明しました。

　香港に隣接する深圳には香港資本を中心とする外資が殺到し，特区設立後数年後には都市建設が大いに進行して，外資や合弁の加工貿易企業が急速に発展していました。1984年１月，鄧小平が広東省と福建省を視察して経済特区政策の成功を宣言します。対外開放政策は沿海地方に拡大され，1984年５月の全人代では沿岸14都市の（経済特区に準じた経済開発区である）経済技術開発区への指定が決定されました。

　1985年２月には対外開放政策が一段と進められ広東省と福建省が改革開放モデル省に指定され，遼東半島と山東半島の全域が沿岸経済開発区に指定しました。さらに，1988年４月の全人代で広東省の海南島が省に昇格され，面積最大の経済特区になりました。中国の対外開放はこうして沿岸地帯をほぼ網羅する線状地帯に拡大しました。

　1989年６月に天安門事件が発生して欧米や日本からの資金や技術の流入が減少すると，香港・台湾や東南アジア華僑が活発に中国進出しました。中国は国内外の変化に対応し，1989年秋以降，改革開放路線堅持を強調します。その象徴が1990年４月に誕生した上海市浦東新区の誕生です。

　続けて，長江流域の武漢，重慶，成都などの重工業都市が対外海保地域に指定され，上海や江蘇省を中心とする長江デルタ地帯から長江を遡上する形で，対外開放地帯は一挙に内陸奥部に広がりました。こうして開放地域はいわゆるＴ字型[36] に拡大しました。中国経済のその後の発展は，中国全土が経済特区に変化する過程ともいえます。

　経済特区の状況を深圳の事例でみましょう。改革開放以前の深圳は農業に依存しており，就業者の80-90%は農業に従事していました。ところが，1988年時点では農業従事者は30%にすぎません。改革開放前の工場としては，化学肥料，農機具，食品などの生産をする小型工場が20か所にあった程度でした。

第12章　政策の転換　　157

表12-1　深圳に進出した外国企業の業種別分類（1988年）

業種	企業		生産額	
	数	%	億元	%
電子及び通信機器	49	13	24.9	46
紡績	40	11	4.5	8
機械	28	7	3.5	6

出所：王佩儀（1990）「深圳経済特区の現状及び深圳と香港との経済協力関係の展望」（堀井弘一郎訳）『季刊中国研究』17号，p.24。

　表12-1は深圳に進出した外国企業の業種分野の上位3業種です。最大の分野は電子及び通信機器で46%を占め，次いで，紡績8%，機械6%です。化学はこの表には出てきません。化学は飼料，食品，飲料，建築資材などとともにその他の業種に入っています。当時の深圳の工業は電子と通信が中心であったことからして，深圳の化学工業は合成樹脂の成型やそれに関連した塗料・顔料などであったと思われます。

　日本からこの時期に深圳進出して成功した企業はセイコーエプソンです。セイコーエプソンの現地法人である深圳セイコーエプソンは1986年12月に操業開始し，その後の急激な円高もあって，急速に事業を拡大しました。深圳セイコーエプソンの初代社長であった宮坂忠明氏によると，香港に同じような工場生産をするグループ内の現地法人があり，製造や経営ノウハウによる支援もあって順調に業績を伸ばしました。

　最後にのべておきたいことは，中国で最初の原子力発電所を中国と香港の合弁（中国75%，香港25%）で建設する構想を推進する会合が，1979年11月という早い時期に持たれ，1983年に立地が深圳市の東端の大亜湾に決まり，技術とエンジニアリングはフランス企業が担当して，1984年から建設工事に入ったことです。

　大亜湾原子力発電が中央政府の正式認可を得たのは1986年なので，広東省は中央政府の正式認可前から先行してプロジェクトを進めていたことになります。中国の最初の原子力発電といわれる泰山の商業運転開始は1994年4月です。大亜湾1号機は1994年2月から商業運転を開始しているので泰山の商業運転開始2ヵ月前です。このような大亜湾原子力発電プロジェクトも，経済特区の一面を物語っています。

7. 郷鎮企業の誕生と発展

経済特区での導入技術は委託加工，合作生産，補償貿易などでローテク製品が多かったため，社会主義理念と乖離した問題が数多く発生しました。経済特区以上にローテク製品生産を小工場で急拡大して多くの問題を起こしたのが郷鎮企業です。

郷鎮企業は人民公社解体の副産物です。人民公社やその下の生産大隊が経営する「集団所有」企業は，古くから農村社会に存在した郷鎮制が人民公社の解体とともに復活した郷（農村部）や鎮（都市部）の所有する企業に名称を転換したものです。郷鎮企業というのは中国独特の企業概念です。

郷や鎮は長い歴史を持ちます。鎮は南北朝時代に北方の鮮卑族の北魏が武将の鎮台として設置したのが始まりで，郷は唐以降は徴税などの行政支配のみに後退し，農村の経済や流通の場である鎮の重要性が増していきました。このような郷鎮制は人民公社制度下で消滅したのですが，人民公社解体で復活し農村工業の担い手になりました。

当初，中央政府は原材料調達や市場で国有企業との競合を恐れ，郷鎮企業による農村工業に積極的ではありませんでした。しかし，郷鎮企業が農村の余剰労働力解消に貢献した実績をみて，中央政府は社隊企業を郷鎮企業と改名するとともに，郷鎮企業を奨励する政策に転換しました。郷鎮企業は1980年代後半から1990年代に急成長し，第2次産業の粗付加価値の約半分を占めるまでになりました。

農村から都市への人口移動の厳しい制限下，農村の余剰労働力を農村内部で吸収したのは郷鎮企業の大きな成果です。しかし，1990年代半ばになると，激しい企業競争下で淘汰される郷鎮企業が増加しました。加えて，郷鎮企業の実質的な所有者である地方政府の行政介入が，企業発展に悪影響を及ぼして郷鎮企業の発展を制約しました。

他方，激しい市場競争のため専門知識を持った経営の重要性が認識されるようになり，行政の関与が減少して1990年代半ば以降は民営化が進展しました。経営者や経営幹部が公有資本を買い取って最大の出資者となり，所有と経営が一致した民営企業に転換したのです。郷鎮企業で大企業になった企業は多くが大型の民営企業に転換しました。

第12章　政策の転換　159

　江蘇省は郷鎮企業が華々しく登場した地方です。中でも南部の無錫・常州・蘇
州周辺は郷鎮企業が最も数多く誕生した地域で，この地域で発達した郷鎮企業は
通常「蘇南モデル」とよばれます。蘇南とは江蘇省南部の意味です。蘇南は大生
産都市で大消費都市の上海と省都の南京に挟まれ，昔からの先進地域でした。米
や水産物が豊かな「魚米の郷」として知られた地で，交通の要所でもありました。

　蘇南モデルでは地方政府が公的金融機関（銀行，信用社）と企業の間に入り企
業への融資を促しました。都市・農村間の伝統的なつながりが利用され，国営企
業の退職熟練工，都市部の日曜技師が積極的に動員されました。党書記や村長な
ど行政幹部が現職のまま企業経営に携わる例が少なくなく，地元の農村労働力を
優先的に採用し，地方政府が人事，投資，利益分配などで大きな決定権を持ちま
した。

　しかし，このような郷鎮企業は中央政府の所有制改革で大きく変化します。所
有制改革の基本方針は「経営者は大株主になり，中間管理者は全員株主になり，
一般従業員は自由選択」であり，経営者の利権が特別に配慮されました。郷鎮企
業は多くが株式会社に移行したので，1990年代末に蘇南モデルは実質的に消滅
したといえます。所有制改革により株式会社となった蘇南の郷鎮企業は外資を積
極的に導入しました。

8．染料中間体生産に参入した郷鎮企業

　江蘇省以外に郷鎮企業が活躍をしたのは，浙江省，山東省です。この3省に共
通するのは古くより繊維工業が発達していたことで，化学工業の視点からすると，
染料工業で大きな影響があります。この時期の中国は染料中間体生産が活発にな
り，染料と染料中間体の輸出が急増したのですが，その中心地がこの3省です。

　染料の生産は，溶解度，色の鮮度，光沢度等々に関する高度の生産管理技術を
必要とます。生産は多品種の少量生産であり，生産工程は非常に長く，最終製品
である染料そのものを生産することは，農村工業である郷鎮企業ができる分野で
はありません。しかし，染料中間体の生産は，原料と設備さえあれば新規参入が
可能です。

　郷鎮企業の生産は繊維，建材，家具などが中心ですが，蘇南では化学が多いの
が一つの特徴です。蘇南では計画経済時代から農村工業が発達しており，国有企

160　第3部　改革開放後

業の下請けで工業製品を生産していました。人民公社時代の社隊企業を土台に成
長した郷鎮企業は，南京や上海の国営企業の下請け時代の経験を基に企業活動を
したと思われます。

　この地は中華民国持代から繊維産業が盛んでした。人民公社解体で郷鎮企業が
誕生すると，1970年代の下放知識青年が国営企業と郷鎮企業の間を取り持ち，
国営企業の支援で繊維生産を開始しました。そして，南京や上海の染料国有企業
の下請けとして，この地の郷鎮企業は染料中間体生産に新規参入したと思われま
す。長い工程を持つ染料生産では工程の一部を下請けに出すことはごく自然の成
り行きでもありました。

　さらに，1990年代になると，経済成長でエネルギーや原材料消費が急速に増
えて深刻な環境汚染が発生し，特に都市部では政府の規制が厳しくなりました。
ところが，農村部では排出物などに対する規制や管理が甘いため，都市の化学工
業の工程の一部が近隣の農村の工業地に移され，農村側もそれを誘致する傾向に
ありました。

　染料の生産工程では多量の廃水・廃溶剤が発生するので，日本や欧米での染料
生産では，廃水はその地域の環境基準に適合して中和，凝集沈殿，脱色，活性炭
処理，活性汚泥処理などによって浄化します。廃溶剤の処理は基本的には焼却処
理が必要であり，膨大な環境投資が必要になってコストを増加させます。

　他方，中国においては，染料は国家の重要戦略物資に指定されていないため，
染料工業を管轄していた化学工業部の工場に対する管理は厳しくありません。た
だし，環境保護については厳格な規定があり，工場の汚染物質の排出量が国の環
境保護基準を超えた場合は，罰金が科せられたり，最悪の場合は生産停止を命令
されることがあります。

　そのため，中国においても1990年代になると都市部での環境規制が厳しくな
り，その対策として，都市部にある染料企業は，都市部での生産なら必要な環境
投資を避けるため，工程の一部を郷鎮企業に下請けとして委託生産しました。そ
の結果が郷鎮企業による染料中間体生産の急増でした。

　中国の染料生産は1980年代から1990年代にかけて急増し，世界一の染料生
産国になりました。国内需要を超えて生産された染料は海外市場に投入され，や
がて世界一の染料輸出国にもなりました。中国の染料輸出価格は世界市場価格よ
り1／3程度低い水準であり，低価格を武器に，品質問題を抱えながらも，中国
染料は日本を含むアジアやアメリカを中心に販路を拡大しました。

第12章　政策の転換　161

　1994年末の統計では染料企業は103社あり，別途，1000社程度の郷鎮企業が染料中間体生産に参画しています。染料生産に必要な原料はベンゼンをはじめとする芳香族，硝酸，硫酸，塩酸などですが，全国の農村地帯に数多く建設された小型アンモニア工場は地方政府の管轄下にあり，小型肥料生産とともに人民解放軍用に爆薬生産をしています。爆薬生産には硫酸と硝酸生産が付随するので，硝酸と硫酸は地方政府の支援を受ければ自由に調達できます。

表12-2　中国主要アニリンメーカー生産量　(単位：1,000トン)

企業名	生産量	
	1995年	1996年
吉化集団公司	22.4	23.4
蘭州化学工業公司	18.3	17.4
南京化工廠	12.0	13.5
河北冀中化工総廠	8.8	9.8
河南開普化工股份有限公司	7.8	9.3
南京四力化工有限公司	6.5	8.0
南京化学工業（集団）公司	5.8	8.0
塩城新浦華東有限公司	4.6	7.6
重慶長新化工有限公司	5.3	7.0
寧波海利化工有限公司	1.8	5.2
四川染料廠	3.5	2.8

出所：播磨幹夫（2000）「中国における染料工業」『化学工業』2000年12月号，p.69。

　塩酸は上海市に2つの電解工場があるのでそこから供給を受けることができたと思われます。また，芳香族も小型のコークス工場から地方政府の力で調達可能であったでしょう。ここで注目すべきは，表12-2の通り，南京にはアニリン工場が3工場あることです。

　ベンゼンをニトロ化したニトロベンゼンの還元で得られるアニリンは，医薬・香料・ゴムなどの原料ですが，重要な染料中間体であり，同時に染料中間体の重要原料でもあります。アニリン入手が容易なのは蘇南での染料中間体生産が多い1理由であったでしょう。地方政府管理下の蘇南の郷鎮企業にとり染料中間体は有力な新規参入分野でした。

9. 日本化薬の事例

　中国の安価な染料及び染料中間体の輸出攻勢で日本の染料工業は20世紀末に壊滅しました。その中にあって中国に生産拠点を構築して生き残りを図ったのが日本化薬です。日本化薬の染料事業は戦前の帝国染料を吸収合併して誕生したものです。

　戦前の日本の染料企業は活発な中国投資をした繊維企業とは対照的に製品輸出で対応しました。その中にあって帝国染料は青島の日系の維新化学工芸社を買収し，1935年に社名を維新化学工業と変えて本格的な染料工場にしました。ちなみに，維新化学は日本敗戦後に新中国政府に接収されて青島染料廠となりました。

　戦後の日本染料企業は1990年代にいち早く撤退した三菱化成に続き，三井化学や住友化学なども次々に染料事業から事実上の撤退をしました。中国の染料中間体生産急増と対日輸出に対して，日本化薬は品質の良い染料中間体を中国から輸入する方針を立て，そのために上海に染料中間体の分析センターを設置して日本人技術者を常駐させました。

　次いで，中国企業との合弁による蛍光増白剤と染料の生産を検討して，1996年に山東省招遠市に合弁会社（日本化薬30％，トーメン20％，招遠化工総廠50％）を設立して生産開始しました。さらに，無錫に無錫先進化工有限公司を合弁で設立して生産拠点を中国への移転し，1998年から現地での染料生産で染料事業を継続しています（写真12-2）。

写真12-2　日本化薬の無錫合弁企業全景
出所：日本化薬提供。

第12章　政策の転換　163

　無錫先進化工有限公司の当初の株主は日本化薬60%，トーメン20%，八達化工廠20%です。1999年日本化薬が八達化工廠の要請で株式を買い取り，また，経営破綻したトーメンの事業を豊田通商が継承して，日本化薬80%，豊田通商20%と日本側100%の独資企業になり，社名を無錫先進化薬化工有限公司と改名しました。

　日本化薬は無錫先進化工有限公司の設立に先立ち，山東省招遠市で蛍光染料中間体を製造する工場を建設しています。これを機に，染料中間体の企業である八達化工廠と生産委託契約を締結していました。このことから八達化工廠との関係が出来て，そして，八達化工廠が保有していた無錫の土地に本格的な染料工場を建設したそうです。

　私の見るところ八達化工廠は蘇南の典型的な郷鎮企業です。出資分20%はおそらく提供した土地の評価見合いであろうと推測します。1999年に資本を先方の都合で引き揚げたというのも，所有制改革の下で民営に移行したこの時期の郷鎮企業に共通する現象です。

　このような見方が正しいかどうか，『化学経済』連載（2014年11月号）時点では正直なところ不安でした。しかし，1年半後の2016年3月，上海出張の折に日本化薬本社の好意を得て，現地合弁会社の無錫先進化薬化工有限公司を訪問しました。幸いにも，会社設立時の状況をよくご存知の孫斌副総経理から話を聞くことができ，私の見方で間違いがないことを確認しました。

第13章
企 業 の 変 貌

1. 会社制度の導入

　前章では，人民公社が解体した後の農村に地方政府が経営する郷鎮企業が誕生
し，その活発な活動により中国経済が大きく成長したことをのべました。本章で
は中国の企業が，国営企業を含めて，計画経済時代の姿から大きく変貌した状況
を考察します。

　改革開放政策が始まって間もない頃は「中国には企業は存在しない」といわれ
ましたが，社会主義市場経済が憲法に明記されてから企業は大きく変貌しました。
その変貌に貢献した制度が会社制度の導入です。会社制度が正式に導入される前
から会社に移行したのは郷鎮企業をはじめとする非国有企業です。非国有企業の
形態は複雑なので郷鎮企業，民営企業，外国企業と3区分して会社への移行をみ
ます。

　まずは郷鎮企業。これは前章でのべました。要約すると次の通りです：①社会
主義中国で最初に会社として登場，②人民公社の解散後その生産部門が郷鎮企業
となった，③郷や鎮の政府所在地に立地し地域コミュニティとの結びつきが深い，
④経営者は地元出身者で日本流にいうと町村営企業，⑤農村の改革開放の中で急
成長した。

　次は民営企業。民営企業は社会主義経済では否定された企業でした。しかし，
経済改革が本格化して私的所有に対する政治的制約が緩むと会社制度を導入し，
1990年代から都市を中心に急成長を遂げました。民営企業は中小企業が多いの
ですが，規模拡大に成功して業界最大手の地位を得た企業も少なくありません。

　最後に，合弁企業を含む外国企業。当初は外国企業に対する反発が強かったの
ですが，外国企業が便益をもたらすのが明らかになり，各部門や各地区は外資導
入に奔走しました。さらには，外資導入の実績が共産党内部の考課基準としても
用いられるようになりました。外国企業が会社制度によったのはいうまでもあり

ません。

　会社制度は資本主義の制度なのでイデオロギー的な抵抗が強くありました。しかし，会社制度で株式公開による企業の資金調達が容易になり，企業の過剰債務問題が大きく改善したため，会社制度が整備されるようになりました。上海と深圳に証券取引所が開設されて株式市場が誕生すると，非国有企業が会社制度を活用しました。公司法（以下，会社法）が1994年に施行され国有企業も活用するようになりました。

　会社法では株主総会，董事会（取締役会），監事会（監査役会）が会社を経営します。他方，共産党の原則は党が会社を管轄するので，会社法は共産党の原則に反します。それにもかかわらず会社法が施行されたのは，会社法が国有企業改革に大きく貢献したからです。

2．国有企業改革

　最初に中国の国有企業を考えます。国有企業は中国と日本では随分異なります。日本でいう国有企業は中央政府が管理運営する企業です。中国の国有企業は中央政府が管轄するもの以外に，地方政府が管轄するものを含みます。重要な企業は中央政府が管轄し，通常は地方政府が管轄します。国有企業の改革は改革開放政策の最大の課題の一つです。

　1985年の生産額でみると中央政府管轄の国有企業は１／４強で（表13-1），地方政府が管轄の中心です。地方政府の中では省・市の管轄が多数です。表13-1（1985年）と表13-2（1995年）を比べると，1995年では中央政府管轄企業と県管轄の企業が増加しますが，省・市が管轄する企業が最大なのは変わりません。

　中国の計画経済はソ連と比べ地方分権的性格が強いのが特徴です。中央管轄企業の比重はピーク時でも40％前後でした。大部分の国営企業が地方政府管轄下だったのは市場原理導入に有利で，改革の開始とともに比較的速く国有部門内部の競争が生まれました，さらに，農村工業が郷鎮企業に変身して市場参入したのは市場の競争性を高め，国有企業の変身に影響を与えました。

166 第3部 改革開放後

表13-1 1985年国有企業の構成（鉱工業）

		企業数 （社）	総生産額 （億元）	従 業 員 数		
				％	万人	人／社
中 央 企 業		3,825	1,651	26.8	869	2,272
地方企業	省・市所属	31,254	3,759	60.9	2,328	745
	県所属	35,263	758	12.3	661	187
	計	66,517	4,517	73.2	2,989	449
合 　計		70,342	6,167	100	3,858	548

出所：今井健一・渡邉真理子（2006）『企業の成長と金融制度』（シリーズ現代中国経済4）
　　　名古屋大学出版会，p.38。

表13-2 1995年国有企業の構成（鉱工業）

		企業数 （社）	総生産額 （億元）	従 業 員 数		
				％	万人	人／社
中 央 企 業		4,738	9,001	34.8	1,092	2,305
地方企業	省・市所属	33,044	11,752	45.4	2,244	679
	県所属	50,123	5,137	19.8	1,129	225
	計	83,167	16,889	65.2	3,373	406
合 　計		87,905	25,890	100	4,466	508

出所：前掲今井・渡邉，p.38。

　ここで国有企業改革を考えます。国有企業改革は，1984年以降，都市の改革開放路線が本格化して始まりました。この時期から1990年代初めまでは，基本的な枠組みには手をつけず，企業に経営自主権を与えて給与・ボーナスなどの分配に業績を反映させることで経営を活性化することが重視されました。1990年代半ばになると国有企業の生産・販売・調達等は企業に権限付与されました。

　経営自主権拡大と並行した改革措置は請負経営責任制です。請負経営責任制では監督の政府部門と経営者が契約を取り交わし，通常3-5年間の利潤上納額や生産規模や投資などの目標を決めます。給与総額は一定比率で利潤上納に連動し，利潤上納義務を果たした後の超過利潤は企業が留保してボーナスや福利厚生費に充てることができます。

　請負経営責任制は1980年代後半国有企業に普及し，1993年末の税制改革まで機能しました。しかし，経営自主権拡大と請負経営責任制による国有企業改革に

は限度があり，次第に会社制度の導入に向かいました。会社制度では株式発行による資金調達が容易になり，国営企業の赤字解消に貢献します。改革の核心は次第に「政企分開」[37]となり，所有と経営の分離をどう進めるかが問題になりました。

改革は社会主義市場経済を契機に前進します。政府の企業への関与を切るには所有権と経営権の分離が不可欠であり，社会主義市場経済の明文化で分離の方向が定まったのです。こうして企業改革の基調が固まりました。それは1995年に打ち出された「抓大放小」に集約されます。1998年朱鎔基の首相就任により「抓大放小」政策が強力に実施され，本格的な国有企業改革が始まりました。

「抓大放小」は理解が難しい言葉です。日本人には「抓」という字に馴染めません。中国語の「抓」は「しっかりとつかむ」ことで，発音は「zhua」，カタカナで書くと「ズア」。「放」は「自由にする」ことで，これは理解しやすいでしょう。「大」は「大企業」，「小」は「中小企業」です。つまり，「国営の大企業は国有企業改革後も中央政府がしっかりと管理監督し，国営の小企業は自由にして民営化を促進する」政策のことです。

蛇足ですが，私が北京駐在中の1998年，この年首相に就任した朱鎔基は連日テレビで「抓大放小」を叫びました。新聞も一面トップで連日「抓大放小」を書きます。しかし，何度聞いてもちっとも理解できない。事務所で中国人スタッフに聞くと「大企業はしっかりつかむ，中小企業は自由にする」というばかりで何の事だかわからない。「抓大放小」がやっと理解できたのは，国有企業改革の視点で中国経済をみるようになってからです。

3．朱鎔基の改革

中央政府の機能変更と国有企業改革で辣腕をふるったのが朱鎔基です（写真13-1）。実務に通じている朱鎔基は副総理の時代から力を発揮していましたが，1998年春の全人代で総理に就任すると，一段と強力なリーダーシップを発揮して国務院改革と国有企業改革を実施しました。国務院改革では副総理を6人から4人，国務委員を8人から5人に減らし，部，委員会，中央銀行，審査署等の省庁の数は40から29に減少させました。

写真13-1　総理に選ばれた朱鎔基

1998年3月，第九期全人代第1回会議で総理に選ばれた朱鎔基は大胆な国務院改革と国有企業改革を実行した。
出所：庚辛（1998）「新規国務院の2大特徴」『中国週刊経済』1998年4月2日号，p.6。

　計画経済時代の政府は国有企業の活動を指導して企業活動に干渉します。朱鎔基改革の下でそのような政府活動に終止符が打たれました。電力，石炭，機械，化学といった産業別の部（日本の省）は廃止され，中央政府はマクロ経済規制や立法などの行政に専念することになりました。そして，15年間のWTO加盟交渉は経済改革を推進して中国経済の市場経済化を促し，政府機能と国有企業は大きく変貌します。

　朱鎔基は2002年3月の全人代政府活動報告の中で「現代企業制度の整備を確実に強化」し，「企業の再構築と再編を鋭意推進」して「企業の倒産，吸収合併を引き続き段取りをおって推し進め」て国有企業改革を深化させると述べ，国有企業は企業活動に専念できるようになりました。また，WTO加盟交渉を通じて学んだ西側諸国の経済制度や多国籍企業が利用するM+Aにより，国有企業の体質改善と事業再構築が進行しました。

　1990年代初期までは，国有企業は鉱工業生産の過半，都市正規雇用の約70％を占め，中国経済の動向を左右する巨大な存在でした。「抓大放小」政策の初期に，地方政府による中小企業・中堅企業売却がなされて，すなわち「放小」で民営化が進んで民営企業の比率が高まりました。これを簡潔に四文字表現にしたものが「国退民進」です。

　ところが，今世紀に入ると事情が変わり，国有企業が力を盛り返して民営化が頓挫する事例が少なくありません。この現象を「国退民進」から「国進民退」に変わったという論者もいますが，華為やアリババをはじめ民営企業は相変わらず重要な働きをしており，「国進民退」という表現は必ずしも当を得た表現ではないでしょう。中国の一部では「国進民進」あるいは「国進民未退」ともいいます。

朱鎔基改革で体質を強化した国有企業は大きく変貌しました。国有企業は今も民営企業と並んで中国経済をリードしています。直ぐ後でふれる国有資産監督管理委員会傘下の国営企業，すなわち中央企業は，中央政府と強い結びつきを持った企業活動をしてしばしば話題になります。これが「抓大放小」政策の「抓大」に他なりません。

国有企業の比率は低下したとはいえ，政府が筆頭である株式会社の存在を考慮すると，中国経済における国有企業のプレゼンスは依然として大きいものがあります。国民経済と国民生活に密接に関係する産業は国務院が管理する方針を明確にしており，例えば，化学工業の場合，石油化学を中心に依然として中央政府が管轄しています。

国営企業はWTO加盟で西側と同じ企業行動をとると考えられてきました。ところが，WTO加盟を旗印に国内経済体制を変革したものの，WTO加盟後は独自の市場経済を歩んでいるようにみえます。中国経済は20世紀末に市場経済への移行を完了し，21世紀からは新しい段階に入ったとみる経済学者が少なくありません。その象徴である中央企業の誕生を次にみましょう。

4．中央企業の誕生

2003年4月日本の内閣にあたる国務院に国有資産監督管理委員会（以下，国資委）が誕生し，中央政府が管轄する国有企業は国資委の管轄下になりました。同時に，中央政府で国有企業を管轄していた部門は，政府から分離独立し新設の国有企業となって国資委管轄下に入りました。中央政府の各部と同じ行政機能を持つ国営企業（例えばシノペックやCNPC）も，政府機能を返上して国資委の管轄下になりました。

国資委の管轄する企業が中央企業です。2017年6月2日時点で国資委管轄の中央企業は102社あり，軍事工場に始まって石油，化学，石炭，電力，電子，電力，自動車，鉄鋼，アルミ，運輸，セメント等の重要部門は国資委傘下です。いいかえると基幹部門は従来通り中央政府が国資委経由で直接管轄します。「抓大放小」政策の「抓大」なのです。

化学工業では化学工業部とシノペックに分かれていた政府機能が統合され，1998年国家経済貿易委員会に国家石油・化学工業局が新設され，ここで立法や

170 第3部 改革開放後

価格政策を中心に化学工業の発展方向を指導することになりました。3年間の過渡期を経て国家石油・化学工業局は廃止され，その機能は新設の中国石油・化学工業協会に移行し，さらに2009年11月に中国石油・化学工業聯合会に名称変更しました。

　国務院改革で化学工業部解体の折に中国化工集団公司が設立され，旧化学工業部管轄企業の持ち株会社となりました。他方，シノペックやCNPCはそれまで保有していた政府機能を放棄し，企業活動に専念することになりました。こうして，行政機能は有せず，しかし，中央政府と強い関係を持って企業活動する中央企業が誕生しました。

　化学業界の中央企業は5社です。上述の中国化工集団公司以外では，中国石油天然気集団公司（CNPC）と中国石油化工集団公司（シノペック）がよく知られています。海上油田開発と石油化学を営む中国海洋石油総公司（CNOOC）も化学と縁が深い中央企業です。もう1社は中国中化集団公司で，対外貿易部（その後の対外貿易経済部，商務部）傘下で化学品貿易を担当した旧シノケムを母体とする中央企業です。化学業界の読者の中にはシノケムと取引をしたことのある業界関係者がおられることと思います。

　以上の5社以外に，神華集団有限責任公司（神華）と中国中煤能源集団公司（中煤）が化学事業に参入しています。ともに石炭を出発原料にしてメタノール経由で石油化学事業を営む新事業に進出した中央企業です。そのほか，医薬を入れると，計画経済時代に香港を拠点とした華潤集団有限公司（華潤）が現在は多角化して医薬事業をも営む中央企業で，中国医薬集団総公司が医薬を代表する中央企業です。

　以上の化学業界が関係する中央企業から，シノペック，CNPC，CNOOC，中国中化集団公司，中国化工集団公司，神華集団有限責任公司，中国中煤能源集団公司7社を選び，その概要をまとめます。シノペックはごく簡単に，CNPCは視点を変えて簡単に，これまでふれる機会の少なかったCNOOCほかはやや詳しくのべます。

①シノペック

　シノペックは1983年創設以来，中央政府保護下で資金と人材が投入され石油精製と石油化学で発展してきました。1998年に原油部門をも持ち中国全土をCNPCと二分する石油メジャーになりました。2000年油田・工場・販売など

の現業部門を分離独立させて国内外の株式上場で資金調達し，中東他の海外で石油権益を持ちます。シノペックは新技術MTO（Methanol to Olefin）法開発で石炭を原料にした石油化学事業にも進出しています。

②CNPC

CNPCは国内での原油生産を担当してきましたが，1998年からは原油部門に加えて石油精製と石油化学部門を持ち，シノペックと中国市場を2分する石油メジャーとなりました。シノペック同様に現業部門を分離独立させてその株式を国内外で上場した。世界中で石油資源の獲得に動くCNPCは中国の石油「暴食」の先兵でもあります。

元来，石油は国内外の政治との結びつきが極めて強い国際商品です。石油危機まで世界石油市場を支配してセブンシスターズといわれた石油メジャーズは，いずれも国内外の政治の場を利用して石油利権を獲得し，国内外で存在感を持つようになりました。中国においては，その出自からしても，CNPCが最も石油メジャーズの特質を持っています。

CNPC幹部の汚職がしばしば報道されます。しかし，石油関連の汚職はひとりCNPCだけではないと思います。シノペックやCNOOCは社会主義の枠組みの中で西側と付き合うすべを身に付けてきました。ところが，CNPCは海外経験を殆ど持ちませんでした。そのような状況下，ダーティマネーの渦巻く国際石油の荒波の中で，石油利権獲得の先兵となりました。これはCNPCにとって不幸なことであったに違いありません。

③CNOOC

中国は第2次石油危機後に海上油田開発に関心を持ちましたが，技術も資金もないため1982年CNOOCを設立しました。中国は海上油田開発では西側の技術協力が必要であることを認識し，シノペックより1年早くCNOOCを設立しています。

海洋石油開発専業としてスタートしたCNOOCは製油所・石油化学工場を建設し，やがて，LNG輸入プロジェクト，さらに海上石油備蓄でも実績をあげました（写真13-2）。CNOOCはシノペックとCNPCが独占している石油卸売り・小売事業への参入により総合的な事業展開を図る石油メジャーへの飛躍を目指しています。

172 第3部 改革開放後

写真13-2 洋上石油備蓄船

中国の石油備蓄日数は21世紀初めにほぼゼロだった。中央政府は国家石油備蓄を2020年までに5億バレルにすることを国家目標にしているが，現在ではまだ2-3週間程度である。そのため石油輸入の玄関である東シナ海の海上輸送を国家安全保障上の核心としている。
出所：《当代中国石油工業》（1986-2005）編委会編写（2008）『当代中国石油工業（1986-2005）上巻』当代中国出版社，巻中写真。

　CNOOCも現業部門を分離独立させ国内外で資金調達をしています。CNOOCは2005年にアメリカの石油会社ユノカル買収に動いて世界中の話題を集めました。この時はアメリカ議会の反対で買収を断念しました。その後，ナイジェリアや赤道ギニアでは石油権益入手に成功しています。
　2000年代に入るまでCNOOCの海上油田開発は，殆どが水深300m以浅のものでした。近年は海上での探鉱技術開発力を高め，2000mあるはそれ以上に深い海上油田開発で実績をあげています。CNOOCは東シナ海中央部の中間線の海上付近でガス田開発を手がけ，これが日中間の政治問題になっています。

④中国化工集団公司（ケムチャイナ）
　ケムチャイナは解散された化学工業部の受け皿として2004年に設立されました。ケムチャイナ傘下の中心企業は中国藍星集団股份有限公司と中国昊華化工集団股份有限公司です。両社はクロロアルカリ，塩ビ，イオン交換膜，シリコン，染料，農薬，医薬，肥料，ウレタン原料TDI，合成ゴムなどに加えて，一部の古い工業地帯では石油精製や石油化学事業をも展開して，旧化学工業部が管轄していた化学事業を幅広く営んでいます。
　2012年に傘下の中昊晨光化工研究院がアメリカのデュポンとフッ素ゴムの合弁工場を上海に建設し，2015年はイタリアのタイヤ大手ピレリの買収を決めて

話題になりました。ピレリのシェアは世界5位で，この買収によりケムチャイナのタイヤ事業はブリヂストン，ミシュラン，グッドイヤーに次ぐ世界大手になります。

　ブリヂストンが世界1の座を得たのはアメリカのファイアストンを買収したことによります。レノボはIBMのパソコン事業を買収して一挙に存在感を高めました。ケムチャイナのピレリ買収もそれを思い起こさせます。ピレリは1台数千万円の超高級車市場ではシェア50％を占めるといわれており，加えて，世界的な自動車レース「F1」での実績で知名度が高い企業です。ケムチャイナのタイヤビジネスにとってピレリのブランド力は強力な武器になり，高性能タイヤなど付加価値の高い部門の販売が増加すると思われます。

　2016年には430億ドル（110円／ドル換算で4.73兆円）で世界最大の農薬企業シンジェンタを買収しました。この買収は中国の海外企業買収で最大の金額です。元来はアメリカのモンサントがシンジェンタ買収を提案しました。ところが，シンジェンタはモンサントを拒否してケムチャイナを選択しました。シンジェンタはケムチャイナという安定株主の下で，農薬と種子事業で需要増が期待できる中国市場開発に専念できる次第です。

⑤中国中化集団公司（シノケム）

　計画経済時代に化学製品の輸出入業務を一手に引き受けた中国化工進出口総公司（略称シノケム）は，その名前が西側諸国に広く知れ渡っていました。シノペック設立の翌1984年のこと，シノペックは総経理の陳錦華を団長に訪米ミッションを派遣しました。最初に訪問したのは世界最大のエンジニアリング会社ベクテルでした。ベクテル経営首脳は「シノケムとシノペックとどちらが大きい会社か」と質問して，陳錦華がベクテルの非礼に怒ったという逸話が有名です。

　当時のシノケムは対外貿易部傘下で化学品と石油の輸出入を担当する1商社にすぎません。それに反し，シノペックはシノケムを管轄する対外貿易部と対等な格にありました。このエピソードはベクテルの対中知識不足を示すものですが，当時のシノケムの中国国内での地位の低さを示すものでもあります。

　それから10年を経てシノケムは石油ビジネスで実績をあげ，さらに，大連ではフランスの石油資本トタルと合弁で石油精製と副生プロピレンを活用したポリプロピレン工場を建設して，化学の製造部門にも進出しました。現在のシノケムは石油，化学品，農業，不動産，金融と幅広い事業展開をしています。最大部門

174　第3部　改革開放後

は農業で肥料，農薬，種子事業を営んでおり，シノケムのホームページによれば，中国の多国籍企業としては第7番目に位置するそうです。

　私が長年関与した日中肥料貿易では契約交渉の相手がシノケムだったので，シノケムは大変懐かしい名前です。シノケムジャパンの首席代表として東京に駐在した鄭敦訓は，業界の古い読者はご存知の方がいると思います。鄭敦訓は，帰国後，中国が石油を輸入するようになった時期に石油貿易で実績をあげ，そのために，シノケムは自らの管轄部門であった対外貿易部と同格に格上げされ，シノケム総経理となった鄭敦訓は部長級（大臣クラス）の地位を得ました。

⑥神華集団有限責任公司（神華）

　神華は1995年に設立された中国最大，かつ，世界最大の石炭サプライヤーです。しかし，単なる石炭企業ではありません。神華は，一般の国有企業とは異なり，国務院が直接管轄する国有企業で，炭鉱，電力，鉄道，港湾，石炭化学を一体化して地域開発を進め，個別の産業や地域の枠を超えた多元的な企業経営を行う超大型の中央企業です。

　山西省，陝西省，内蒙古自治区，寧夏回族自治区，甘粛省の産炭地域は「ゴールデントライアングル」地区ともよばれ，中国の石炭生産の中心地であって，ここでの石炭生産量は全中国の60％を超えます。神華はこの「ゴールデントライアングル」の地域開発において，中央政府の全面的な支援のもとに，多方面にわたる企業活動を展開しています。

　化学業界からみて注目すべきは石炭を原料にした石油化学事業の展開です。中国の石炭を原料にした石油化学事業のルーツは，満洲国時代に日本の化学業界が総力をあげて取り組んだ人造石油です。満州国時代に計画された人造石油は，第10次5ヵ年計画（2001－2005年）の石炭液化工場建設計画として神華により工場建設が始まり，第11次5ヵ年計画（2006-2010年）において内蒙古オルドスで生産を開始しました。

　神華は，引き続き，人造石油／石炭液化に関する長年の技術蓄積を基に，石炭からメタノールを生産し，メタノールから軽質オレフィン（エチレン，プロピレン）を生産する工場を第12次5ヵ年計画（20011-2015年）で完成し生産開始しました。

第13章　企業の変貌　175

⑦中国中煤能源集団公司（中煤）

　中煤の前身は1982年に設立された石炭貿易商社の中国煤炭進出口総公司で，解散した旧石炭部の管轄下にあった諸資源を継承して2006年に設立されました。中煤の石炭生産量は神華に次ぐ第2位です。石炭貿易から出発した中煤の事業は，現在では炭鉱経営，石炭化学，電力，鉱山機械などに幅広く展開しています。

　中煤は，石炭からメタノールを経由してオレフィンを生産する工場を，石炭液化の研究開発には手掛けることなく，第12次5ヵ年計画において実施しました。中煤のメタノール経由でオレフィンを生産する工場の立地は陝西省が中心です。

　他方，先述のように，シノペックが石炭を原料とする石油化学事業に関心を示し，シノペック独自の技術SMTO（Sinopec Methanol to Olefin）を開発しています。中煤は，技術は持つが石炭ビジネスに経験のないシノペックと組み，石炭を原料としてメタノールを経由する石油化学工場を，両者の合弁事業として内蒙古に建設中です。

5．鞍山製鉄再建の事例

　最後に，国有企業改革の事例として鞍山製鉄を選びます。計画経済時代の中国が最も重要視した産業を一つあげるならそれは鉄鋼です。そして，中国鉄鋼業を代表する国有企業は遼寧省鞍山市にある鞍山製鉄です。鞍山製鉄は国有企業改革で生まれ変わった企業の代表でもあります。そこで，鞍山製鉄がどのように変貌したかをお知らせします。

　鞍山製鉄は満洲国時代に戦前日本の鉄鋼業界が築いた企業です。日本敗戦後，ソ連の設備撤去や内戦期の設備奪い合いを経て再建され，計画経済時代の鞍山は最も重視された国有企業でした。しかしながら，改革開放政策後は，上海の宝山製鉄とは対照的に，苦悩する国有企業の代表となりました。

　鞍山の苦境は「両老，四難」という言葉で言われました。「両老」は技術と設備の古さのことです。「四難」は製品品質の低さ，経営転換の困難と債務の重さ，余剰人員の多さ，福利厚生負担の重さです。1993年において鞍山には11基の高炉がありましたが，そのうち6基は満州国時代に建設されたものでした。

　2010年夏のことです。今ではもう古い話になりますが，私は鞍山を訪問する機会に恵まああありました。工場見学の後，工場幹部から再建状況を聞きました。

176　第3部　改革開放後

1998年に始まった朱鎔基首相の国有企業改革の下で「苦悩の10年間」を経験
したそうです。

　計画経済期代の国有企業は，単に生産活動をするだけでなく，ピラミッド型行
政組織体系に付属する「単位」でした。同時に，属する人員に関しては出生から
墓場まで無限の責任を負う共同体でもありました。このような国有企業は改革開
放政策の下で大きな変革をせまられました。現実にその変革を体験した国有企業
の苦しみは大変なものであり，工場幹部のいう「苦悩の10年間」がそれでした。

　「苦悩の10年間」とは工場を合理化し，組織を簡素化し，生産管理方法も変え，
市場経済下で生き残れるよう設備を近代化・大型化して現代化を進めた年月です。
50万人いたグループ従業員を13万人にまで削減したと聞きました。さらに，そ
のうち，鞍山本体の人員は3万人まで削減したそうです。

　鞍山は1920-30年代に日本の技術で建設されたものです。1950年代からはソ
連の技術が入り，長らく計画経済時代の中国社会を支えました。しかし，改革開
放政策が始まると，鞍山の立場は激変します。その状況は上海の宝山製鉄と対照
的です。宝山は鄧小平の強力な支援の下で全国をあげて人材と資金が投入されま
した。立地は沿海部であり，技術は高炉をはじめ日本から最新鋭の設備が投入さ
れた。

　一方，鞍山はそうではありません。内陸部にあって原料問題も抱える鞍山は問
題が山積していました。1990年代，ドイツと日本から，改良技術を導入して設
備の向上と増強を図りました。鞍山の再建は高炉ではなく製鋼部門が先行しまし
た。幅1780mmで年産400万トンのHRC（Hot Rolled Coil：熱間圧延）設備は，
鞍山再建の希望プロジェクトと呼ばれたそうです。2000年に従来のインゴット
からの半連続式鋳造工程を廃棄して連続鋳造化に成功し，その後も自社技術で技
術改良を重ね，現在では2150mmの技術を確立しているとの説明を受けました。

　宝山には国家資金が最優先で投入され沿海部に新鋭設備が導入されました。し
かし，倒産寸前だった鞍山は資金不足に悩まされました。資金不足の鞍山を救っ
たのは，製鋼部門を分離独立させて新会社鞍鋼新軋鋼を設立し，それを香港及び
深圳に上場して資金調達に成功したことです。ここで調達した資金により技術改
良を実施し，その後も技術改良を続け，鞍山関係者の懸命の努力で設備改良と経
営改善に努め，市場における鞍山への評価は著しく向上して，ようやく窮地を脱
したのです。

第14章　WTO加盟　177

第14章
ＷＴＯ加盟

1．中国のGATT／WTO加盟問題

　中国のWTO加盟は市場経済を歩む中国に大きな影響を与えました。本章では中国のGATT／WTO加盟問題を整理し，WTO加盟後の中国が国内企業保護のため発動したアンチダンピング措置問題をみます。我々は通常，中国は1986年にGATT（General Agreement on Tariffs and Trade）加盟を正式に申請した，といいます。しかし，中国の表現はGATT加盟ではなくGATT復帰です。まずはこの問題から入ります。

　第2次世界大戦の戦勝国は，ブロック経済が諸国の対立を激化させて大戦発生の一因になった，という反省を共有しました。そのため，戦後の世界経済システムの構築では，自由で競争的な市場機構を持つシステムの創設を目指しました。その結果，1947年に主要国が合意に達して署名し誕生したのがGATTです。

　中国は戦勝国の主要メンバーです。蒋介石は新たに誕生したGATTに中国代表として署名しました。ところが，内戦に敗れた直後の1950年にGATTから脱退したのです。これは共産党のGATTにおける中国代表権主張の妨害を目論んだためと言われています。つまり，蒋介石は自ら署名したGATTの脱退で中国としての代表権凍結を狙ったのです。

　当時の国際社会の主流は台湾に逃れた中華民国を中国の代表とみました。一方，新たに誕生した中華人民共和国は西側との貿易が少なく，GATT脱退を大きな問題とはみませんでした。初期のGATTは関税引き下げに注力しました。関税引き下げは2国間交渉よりも多数国間の交渉が効率的で，GATTは関税引き下げに貢献しました。

　表14-1はGATTによる関税引下げ交渉の状況をまとめたものです。交渉が長期化するようになった第5回目以降は「……ラウンド」と呼ばれます。第1回から第5回（ディロンラウンド）までは関税の引き下げで実績をあげました。やがて

178 第3部 改革開放後

GATT加盟国は関税以外の貿易障害の除去に関する話し合いをするようになります。

表14-1　GATTによる貿易自由化交渉

	交 渉 時 期	通　　称
第1回	1947年	
第2回	1949年	
第3回	1950-51年	
第4回	1956年	
第5回	1961-62年	ディロンラウンド
第6回	1964-67年	ケネディラウンド
第7回	1973-79年	東京ラウンド
第8回	1986-94年	ウルグアイラウンド

出所：通商産業省通商政策局（2000）『不公正貿易報告書：
　　　WTO協定から見た主要国の貿易政策』（2000年版），
　　　通商産業調査会出版部，p.558。

　1964年に始まったケネディ・ラウンドはアンチダンピング問題も検討し，1973年に始まった東京ラウンドはダンピング防止や政府調達のような非関税障壁の交渉が開始されました。1986年にはウルグアイラウンドが始まり，8年の長期交渉を経て1994年マラケシュで合意します。この合意に基づきWTO（World Trade Organization）が1995年誕生し，GATT事務局が国際組織として活動する異例な状況が解消しました。また，8回の多角的貿易交渉を通じて，先進諸国の平均関税率はGATT以前の1／10以下に低下しました。

　この間，改革開放政策を取るようになった中国では，GATT加盟国との貿易量が飛躍的に伸長し，1990年代初めには貿易の85％がGATT加盟国向けのものになりました。そのため，共産党や中央政府の指導者は，改革開放を推進するには，アメリカを中心としたGATT加盟国における輸出市場の確保が不可欠である，と認識を改めました。こうして1986年に中国はGATTへの復帰を申請したのです。

２．加盟交渉

　長らく計画経済下にあった中国の体制は，価格メカニズムを重視するGATT理念と隔たりがあり，加盟交渉は難航しました。1992年，中国は社会主義下で市場経済を目指すことを憲法に明記し，以後の中国は市場経済への道を一段と強く歩みます。WTO加盟への国内運動そのものが，中国経済の市場経済化を促進することになりました。

　ウルグアイラウンドが妥結してマラケシュ協定が締結され，WTO誕生が明らかになると，中国はGATTに早く復帰してWTOの原加盟になることを望みました。しかし，中国の経済制度は加盟国と大きく異なり，加盟交渉は長期になりました。交渉が本格化したのはWTO誕生後の1990年代後半からです。

　加盟交渉はGATT／WTO事務局との交渉と各加盟国との２国間交渉の２本立てです[38]。1986年の中国の申請と共に中国作業部会が設置され，1987年からGATT事務局との交渉が始まりました。事務局との交渉は精力的になされ1993年山場を越えました。中国がGATT復帰を1994年迄に終え，1995年発足の新生WTOの原加盟になることを強く望んだのは，その後の２国間交渉の困難さを理解してなかったためと思われます。

表14-2　中国のGATT／WTO加盟交渉概要

年	交 渉 内 容
1947	GATT創立とともに中華民国は原加盟国になった。
1949	中華人民共和国成立。
1950	中華民国GATT脱退。
1981	中国はGATTオブザーバー資格取得。
1986	中国開発途上国待遇によるGATT「復帰」を正式申請。
1987	GATTは中国作業部会を設置して審議を開始。
1994	マラケシュ協定調印。
1995	WTO発足。
1999	日本との２国間交渉妥結（７月）。
	アメリカとの２国間交渉妥結（11月）。
2000	EUとの２国間交渉妥結（５月）。
2001	中国WTO加盟交渉妥結。

出所：筆者作成。

180 第3部 改革開放後

　２国間交渉で大きな役割を果たしたのは日本，アメリカ，EUです。日本は最初に２国間交渉を妥結させ中国のWTO加盟を支援しました。これが1999年7月のことです。同年11月アメリカとの２国間交渉が妥結し，翌2000年5月EUとも妥結しました。加盟交渉は2001年12月妥結し，中国は143番目のWTO加盟国になったのです。表14-2に中国のGATT／WTO加盟交渉概要をまとめました。

　中国のWTO加盟は1986年のGATT復帰申請から15年を経て実現しました。15年間の中国国内は改革開放推進派と保守派が攻め合って一進一退した時期でした。加盟交渉中の中国は国内状況を反映して「国家の根本的利益を犠牲にし，代価を惜しまずにガット"復帰"を求めるようなことはしない」と再三言明しています。加盟交渉窓口の対外貿易経済合作部の呉儀部長は，交渉事項を次の4つに分類して総括しています。

　　第1類：既に実施したものについては，引き続き実行していくことを約束。
　　第2類：もとから実施しようと準備していたものについては，出来る限り早
　　　　　　く行うことを承諾。
　　第3塁：将来的は実施するがいま完全にやれないものは，一定期間のタイム
　　　　　　テーブルを提示して徐々に実現していくことを約束。
　　第4類：到底受け入れられないものは，たとえ外圧が大きかろうとも，絶対
　　　　　　に実施しない。

　第1類は貿易管理制度の透明性，内国民待遇，対外貿易政策の統一性などで，第3類は為替制度，非関税障壁の撤廃，市場参入の拡大などです。長年育成を試みた石油化学の保護は第3類です。中国政府が石油化学工業保護のための措置をとるであろうことは早くから指摘されていました。すぐ後で石油化学に偏重して頻発したアンチダンピング調査を論じますが，まずは，問題をこのような文脈で捉えておく必要があります。

3．WTO加盟後の状況

　中国にとってGATT／WTO加盟交渉は，長年の価値観を根本から否定せねばならない難交渉でした。交渉窓口の対外貿易経済部の苦労は並大抵のものではなか

ったと思います。ですが，西側先進諸国にとっても中国経済理解は難問でした。ここで名言「中国には企業は存在しない」を残した小宮隆太郎東大教授に再度登場してもらいます。

　小宮教授は中国の国際貿易参加を歓迎する当時の世論に対し「中国指導者の経済運営の理念はGATTの基本にある経済思想と異質である」と問題提起しています。当時の中国はGATT復帰で最も被害を受ける産業は自動車で，自動車は高率関税を維持して保護する必要がある，と考えていました。この見方を小宮教授は次のように批判します：

　　　中国に170社近くもの自動車工場があるのは，高関税による保護というよりは，中国の国内市場が分断されているために本格的な競争的市場が形成されていないからである。そこには高関税や輸入数量制限以前の問題がある。

　小宮教授は，ご本人が言われているように，中国経済の専門家ではありません。日本で「近代経済学」と呼ばれた西側諸国の通常の経済学を専攻された学者です。しかし，小宮教授のこの批判は長年の計画経済下で中国経済にしみついている問題点をよく指摘しています。毛沢東時代の負の遺産をかかえた中国経済はなお少なくない問題点を持っており，小宮教授の批判は現在の中国でも妥当する内容を持ちます。

　しかしながら，名言「中国に企業は存在しない」は中国に大きな影響を与えましたが，「中国指導者の経済運営の理念はGATTの基本にある経済思想と異質である」という批判は中国に影響を与えていません。それは中国自身が既に問題を認識していたからです。それにもかかわらず中国はGATT／WTO加盟を推進しました。それはGATT／WTO加盟が改革開放を目指す中国に益するところ大だからです。

　WTO加盟前の中国は，最初の2-3年輸入増で倒産する企業が増大するのではないか，と危惧していました。ところが，危惧は不要でした。加盟後は輸出が一段と好調になりました。他方，外資は輸出より現地生産の道を選んで中国投資が加速しました。その結果，輸入は思ったほどには増加しませんでした。

　外国企業の投資はWTO加盟後に急上昇しました。中国は広大な市場と引き換えに外国企業の技術を入手する政策を取り，積極的に外資を誘致したのが成功し

ました。1990年代末期はアジア通貨危機の影響もあって大きく落ち込みましたが、低迷した対中投資は2001年のWTO加盟により再度急上昇したのです。

　中国がWTO加盟を強く望んだのは、アメリカを中心とする輸出の拡大です。同時に、WTOの市場原理を国内改革に利用する面がありました。社会主義市場経済が明確になった頃、国有企業の1／3が赤字、1／3は表面上収支トントンだが実質赤字、といわれました。それにもかかわらず破産がなく市場競争の洗礼を受けていないと批判されました。中国はWTO加盟が市場原理を推進することを期待し、現実もそうなったのです。

4．WTO加盟の被害者は大豆農家

　WTO加盟で最も深刻な被害を受けたのは大豆農家です。大豆は中国で古代より栽培され、小麦・米等と共に五穀に数えられています。清朝末から中華民国期にかけて日本の満洲進出共に東北地方で大豆生産が増大しました。

　鰯粕を肥料として使用していた日本の農民は、日清戦争後に導入された大豆粕を好むようになり、満洲での大豆生産が急速に増加しました。大量の満洲産大豆や大豆粕が日本に輸出され、さらに、三井物産をはじめとする日本商社は満洲大豆をヨーロッパに積極的に輸出し、第2次世界大戦直前は世界生産の80-90％も占めるまでになりました。しかし、戦後は満洲大豆の世界における生産シェアは大きく変わります。

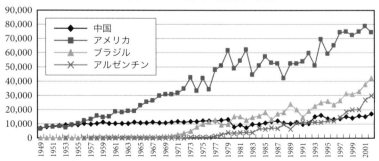

図14-1　主要大豆生産国の変遷

出所：Takeshi Mine（2007）"China's Protectionism and the WTO Rule"『東京大学経済学研究』No.49, p.41（原典はFAO Production Yearbook）。

第14章　WTO加盟　　183

　図14-1は新中国成立後の世界の主要な大豆主要生産国の推移をグラフにした
ものです。グラフで明らかなように，中国の生産量は殆ど変化がありません。対
照的にアメリカの大豆生産が上昇し，中国はブラジルやアルゼンチンの生産をも
下回るようになりました。

　やがて，WTO加盟をめぐるアメリカとの2国間交渉が本格化すると，中国政
府は1996年大豆の関税化に踏み切りました。大豆は真っ先に国際化の波にさら
されたのです。以後，大豆輸入はアメリカ品を中心に急増します。共産党と中央
政府はこの時点でWTO加盟のための対米譲歩を決断したといわれています。

　所得向上による食生活の変化から肉食が増えて飼料用需要は大幅に増加しまし
た。調理用油脂も動物性油脂から植物性油脂に変わり，中国の大豆油需要は大き
く伸びました。しかし，国内需要増にもかかわらず輸入品急増で大豆生産農家は
大きな打撃を受けたのです。大豆農家は所得減少，転作，耕地放棄などを余儀な
くされました。

　近年アグリビジネスの重要性が認識され，生産・流通・加工などと繋がったア
グリビジネスが育っています。ところが，中国大豆は油の含有率が低いため，穀
物メジャーの飼料工場が使用する大豆は海外品です。中国産ではありません。さ
らに，国内アグリビジネスも安価で油分に富む輸入品を原料にしています。皮肉
なことに，アグリビジネス育成策が中国大豆農家を苦しめる結果になっているの
です。

　中国には日本の農協のような組織が存在しません。そのため大豆農家は政治力
を発揮するような情況にありません。大豆農家は政治的に静かです。図14-1は
今世紀初頭で終わっていますが，現在でも世界の大豆生産は，アメリカ，ブラジ
ル，アルゼンチン，中国の順位です。ただし，中国では輸入品が年々増加して国
内の大豆生産は大きく下落しており，近年では国内需要の2／3は海外からの輸
入大豆に依存しています。

　WTO加盟にともなう農産物国内市場開放では，大豆農家が輸入増大による国
内生産激減で大きな被害を受けました。ところが，基幹食料の米，小麦，トウモ
ロコシでは生産を維持しています。食糧の安全保障の視点からすると，大豆は米，
小麦，トウモロコシと比べて重要性に劣るので，大豆の輸入拡大は理解できる選
択です。

　戦前に満洲で大豆生産が急増したのは，日本の国内需要と日本商社によるヨー
ロッパ輸出によるものでした。世界一だった中国の大豆生産は戦前日本の満洲経

営の遺産ともいえます。その意味で，中国が難航したアメリカとの２国間交渉で大豆輸入を拡大したのは合理性がある政策であったといえるでしょう。

　他方，大豆と対照的に，石油化学はWTOの認めるルールを利用して手厚い産業保護策が講じられました。石油化学に関しては，苦境の業界救済のため，WTOルールで許されるぎりぎりのgrey zoneを狙って国内産業保護をします。WTOに加盟した直後に頻発したアンチダンピング措置は，それが具体的に姿を現したものです。

　通常，日本でアンチダンピングというと，アメリカの繊維業界や鉄鋼業界を連想し，国内の衰退産業を政治的に輸入品から守るというイメージを描きます。しかしながら，中国の場合は全く異なり，このような産業保護策を経て中国の化学工業は徐々に力をつけています。ここでアンチダンピング問題を考察しましょう。

表14-3　主要国アンチダンピング措置調査開始件数推移

調査開始国 ＼ 開始年	1995	1996	1997	1998	1999	2000	2001	2002	2003	2004	2005	2006	2007	2008	2009	2010	2011	2012
アメリカ	14	22	15	36	47	47	77	35	37	26	12	8	28	16	20	3	15	11
EU	33	25	41	22	65	32	28	20	7	30	24	35	9	19	15	15	17	13
カナダ	11	5	14	8	18	21	25	5	15	11	1	7	1	3	6	2	2	11
豪州	5	17	44	13	24	15	24	16	8	9	7	11	2	6	9	7	18	12
インド	6	21	13	28	64	41	79	81	46	21	28	31	47	55	31	41	19	21
中国	0	0	0	3	2	11	14	30	22	27	24	10	4	14	17	8	5	9
韓国	4	13	15	3	6	2	4	9	3	4	7	15	5	0	3	0	2	2
台湾	0	0	1	6	0	4	3	0	2	0	0	5	0	0	1	2	0	9
インドネシア	0	11	5	8	8	3	4	4	2	5	0	5	1	7	3	6	7	7
パキスタン	0	0	0	0	0	0	0	1	3	13	4	0	3	26	11	7	5	
トルコ	0	0	4	1	8	7	10	18	11	25	12	8	6	23	6	2	2	14
メキシコ	4	4	6	12	11	6	6	10	14	6	6	6	3	1	2	2	6	4
ブラジル	5	18	11	18	16	11	7	8	4	8	6	12	13	24	9	37	16	47
アルゼンチン	27	22	14	6	24	41	28	10	1	12	9	10	8	19	28	14	7	13
南アフリカ	16	34	23	41	16	21	6	4	8	6	23	3	5	3	3	0	4	1
日本	0	0	0	0	0	0	0	2	0	0	0	0	0	0	0	0	0	1
その他	32	34	40	59	50	34	40	60	26	28	31	41	20	20	37	23	41	29
合計	157	226	246	264	359	296	372	311	234	220	200	203	166	218	217	173	165	209

注１：単位は件数。
注２：複数の国への同一品目アンチダンピング調査は１件として計上。
出所：通商産業省通商産業局編（2014）『不公正貿易報告書　2014年版：WTO協定及び経済連携協定・投資協定から見た主要国の貿易政策』進英プリント，p.306。

5．WTOルール下のアンチダンピング措置

　表14-3は主要国アンチダンピング調査開始件数の推移です。アンチダンピング制度を利用してきたのはアメリカ，EUなどの先進工業国ですが，近年はインドやブラジルなどの新興工業国が多く，日本は例外的に一貫して件数が少ない国です。2012年の件数をみると，ブラジルが47で最も多く，次いで，インド21，トルコ14，EUとアルゼンチンが13，オーストラリア12，カナダとアメリカが11となります。中国の件数は台湾と同じ9で9番目に多い件数です。

　「ダンピング」は一般用語では「不当な安売り」「不当廉売」の意味ですが，国際貿易では，国内価格より安い価格で輸出して輸入国の国内産業に打撃を与えることです。このようなダンピングが行われた場合には，輸入国はその国内価格と輸出価格との差額（いわゆる「ダンピング・マージン」）を限度とする特別関税，すなわちアンチダンピング税を課することをWTOは認めています。

　GATT第1条の最恵国待遇と第2条の関税譲許[39]は自由で無差別を基本とするWTOルールの根幹をなすものですが，WTOルールはこの最恵国待遇と関税譲許の例外としてアンチダンピング措置を認めてGATT第6条に規定します。ただし，GATTの第6条の規定はごく簡単なので，これのみでは加盟国のアンチダンピング国内法実施のための規範として十分ではありません。

　そのため，1967年にケネディラウンドで「関税と貿易に関する一般協定第6条の実施に関する協定」（いわゆる1967年アンチダンピング協定）が締結され，1979年には東京ラウンドで改定版の1979年アンチダンピング協定が締結されました。ウルグアイラウンドでも改定交渉が行われて，「1994年のGATT第6条の実施に関する協定」が締結されました。これがいわゆるWTOアンチダンピング協定です。

　加盟国がアンチダンピング措置を自国のアンチダンピング法で発動することが比較的容易です。しかし，アンチダンピング措置が濫用されると非関税障壁として貿易制限的になります。そのため，GATT第6条はアンチダンピング措置の正当性の側面と濫用による貿易制限的になる側面の2面性に対応した法的構造になっています。

6．中国のアンチダンピング調査

　中国は，1979年以来，諸外国から数多くのアンチダンピング制裁を受けてきました。これに対抗するため，また，WTO加盟を実現させるため，中国政府は1990年代からアンチダンピングに関する立法作業にとりかかりました。そして，中国はWTO加盟交渉中の1997年にアンチダンピング措置に関する国内法を初めて制定しました。

　アンチダンピングの主管部門は対外貿易経済合作部および国家経済貿易委員会です。対外貿易経済合作部が価格調査を担当し，国家経済貿易委員会が損害調査を担当しました。2003年3月の機構改革で商務部が新設されると，アンチダンピング関連業務は商務部に集約されました。

　しかし，中国のアンチダンピング法は原則的な規定が多く，実務を指導する法規としては不十分でした。細部にはWTOのアンチダンピング協定と整合的でない個所が少なくありません。WTO加盟直後の2002年1月から1997年の改定版を施行しましたが，なおWTOのアンチダンピング協定と整合的でない個所が少なくありません。

　中国はこのWTOと整合的でない国内法の下で次々とアンチダンピング調査を開始し，そして，アンチダンピング措置を発動しました[40]。その中で日本の化学企業は大きな損害を受けました。しかしながら，中国は「日本の化学企業に的を絞って」アンチダンピング措置を発動したという見方は必ずしも正確ではありません。この間の状況を公正貿易センター[41]の資料により状況を解説します。

表14-4　中国アンチダンピング調査開始件数

	1997	1998	1999	2000	2001	2002	2003	2004	合計
合　計	1	0	4	1	6	9	6	4	31
(内化学品)	0	0	2	1	5	7	4	3	22
内対日本	0	0	2	0	2	7	4	3	18
(内化学品)	0	0	1	0	2	6	3	3	15

注1：対象国の数にかかわらず1産品案件毎を1件とカウント。
注2：化学品と対日本の案件数は合計件数の内数。
出所：2004年8月2日付公正貿易センター資料。

表14-4は，中国が1997年にアンチダンピング法を制定した後のアンチダンピング調査開始件数のうち，化学がどの程度を占めているかをまとめたものです。1997年から2004年までに中国がアンチダンピング調査を開始した31件のうち，22件は化学で約２／３を占めます。また，31件のうち18件は日本企業が対象となっており，日本企業では殆どが化学企業です。

このような状況から，中国は「日本の化学企業に的を絞って」アンチダンピング措置を発動した，という見方が生まれたと思われます。しかしながら，「化学企業に的を絞って」という見方は正しいのですが，「日本企業に的を絞って」という見方は正しくありません。それを，表14-5により，国別の中国アンチダンピング調査開始件数でみます。

表14-5によると，中国アンチダンピング調査開始件数が最も多いのは韓国で22件で，２番目が日本の18件です。分野別にみると化学が韓国も日本も同じ18件です。これは韓国も日本もほぼ同様な化学製品を中国に輸出し，韓国企業も日本企業も等しくアンチダンピング調査の対象となったことを示しています。従って，「化学企業に的を絞って」という見方は正しいのですが，「日本企業に的を絞って」という見方は当を得ないのです。

中国の化学工業は長年供給不足が続き，世界最大の化学製品の輸入国でした。供給不足が続く中国化学品市場に最も大量に輸出しているのが日本と韓国です。上の２つの表で，中国のアンチダンピング措置は化学部門に集中し，アンチダンピング措置発動対象国が韓国と日本に集中しているのはこのような状況の反面です。

表14-5　対象国別の中国アンチダンピング調査開始件数

調査対象国	1997 全	1997 化	1998 全	1998 化	1999 全	1999 化	2000 全	2000 化	2001 全	2001 化	2002 全	2002 化	2003 全	2003 化	2004 全	2004 化	合計 全	合計 化
韓　国	1	0			2	1	1	1	5	4	8	6	3	2	2	1	22	15
日　本					2	1			2	2	7	6	4	3	3	3	18	15
米　国	1	0			1	1	1	1	1	1	4	3	5	4	2	1	15	11
ロシア					1	0			1	1	3	2			2	2	7	5
台　湾											3	2	2	1	2	1	7	4
ドイツ					1	1	1	1	1	1			1	1	1	1	5	5
その他	1	0					3	3	7	7	5	2	7	7			26	21
合　計	3	0	0	0	7	4	6	6	17	16	30	21	22	18	15	11	100	76

注１：同一産品案件も対象国毎に１件とカウント。
注２：「全」は合計案件数，「化」は化学品案件で内数。
出所：2004年８月２日付公正貿易センター資料。

アンチダンピング措置が化学，特に石油化学に集中しているのは，石油化学工業保護のためです。石油化学工業の保護育成は重要な国家戦略であり，WTO加盟により輸入品が急増して苦境に陥ることは，是非とも避けねばなりませんでした。中国政府はWTO加盟前から，輸入品急増により経営危機が予想される石油化学を保護せねばならないと考えていました。どうしても一定期間保護し，自立出来るまで時間稼ぎが必要であったのです。

7．日本政府と日本業界の対応

当時の中国の石油化学の自給率は50％程度で膨大な海外品が中国市場に流入していました。市況を作るのはこの海外品です。品質問題を持つ国産品の価格は，輸入品マイナスアルファーで決まります。中国政府が反ダンピング調査を始めると，リスク回避のため輸出関係者は商談を自粛します。その結果海外からの供給は減少し，輸入品価格は上昇して国産品価格も上昇し，そして輸入量が減少し国産メーカーは救済されるのです。

図14-2はアクリル酸エステルへのアンチダンピング調査が始まった1999年から2003年にかけて輸出が急速に落ち込んだ状況を示しています。

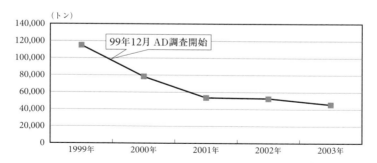

図14-2　日本から中国へのアクリル酸エステル輸出量

出所：安田啓・牧野直史（2004）「中国アンチダンピング調査に対する日本企業の対応と方策」中川淳司編著『中国のアンチダンピング：日本企業への影響と対応策』ジェトロ，p.124。

第14章　WTO加盟　189

　日本政府はこのような事態発生に対して行動をおこしました。経済産業省は，2003年4月，国務院機構改革でアンチダンピングを管轄することになった新設の商務部と，初の次官級協議を東京で開き，会議では最大の懸案事項として討議された知的財産権とともに，化学品に対するアンチダンピング措置も議題の一つになりました。

　鉄鋼業界では，日中間の通商摩擦の事前回避と情報交換のため，2001年4月より官民の代表者による「鉄鋼対話」が定期的に開催されていたので，同様な対話が化学業界においても中国側からの打診により「化学官民対話」が始まりました。2002年5月北京で第1回も会合がもたれ，翌年2003年8月には東京で第2回目が開催されました。

　中国はWTO加盟時に10％を超える化学品関税は2008年に先進国同様の6.5％以下にする，と約束しました。しかし，この時，WTO加盟後に予想される化学企業の苦境にアンチダンピング措置の利用を考えたといわれています。事実，第10次5ヵ年計画で，WTO加盟後の石油化学はアンチダンピング措置で保護すると明示されています。

8. 「シアトルの悲劇」を経てドーハラウンド交渉へ

　ウルグアイラウンド後の新ラウンドは2000年交渉開始目標でした。1999年アメリカ西海岸シアトルでWTO閣僚会議を開催し，クリントン大統領が新ラウンド交渉開始を宣言し，中国WTO加盟もこの会議で審議予定でした。ですが，中国製品急増で労働団体をはじめ反中国の空気が強く，会議が始まると反中国デモと環境団体の反WTO政治運動が激しくなりました。

　会議が始まるとシアトル市街でのデモ行進が激しくなり，やがてデモ隊は暴動化して商店街を襲撃し，公安当局は外出禁止令を出して，シアトル会議は何ら結論を出さずに閉会しました。環境保護団体は勝利宣言を出しました。いわゆる「シアトルの悲劇」です。そして，「シアトルの悲劇」後2年を経た2001年，ドーハでWTO閣僚会議が開催され，新ラウンド交渉開始が宣言され，中国のWTO加盟が決定しました。

　ドーハ閣僚宣言では，アンチダンピング協定改善の交渉が入っており，2002年3月以来，ルール交渉グループの中で検討が行なわれています。中国のアンチ

190 　第3部　改革開放後

ダンピング措置はWTO協定と整合性がないと日本のみならずアメリカやEUも指摘していますが，同時に，中国は自らが世界最大のアンチダンピング被発動国なので，アンチダンピング規律強化には前向といわれています。

　しかしながら，貿易の円滑化など新たな分野の取り決めを話し合いで各国が折り合わず，ドーハラウンド交渉は決裂寸前です。交渉失敗となれば，これまでの国境を越えた貿易ルールを世界規模で整備という難事業が挫折です。戦後70年以上をかけて築き上げてきた貿易ルールが崩壊することのないよう祈ってやみません。

第15章　花開く石炭液化技術　191

第15章
花開く石炭液化技術

　本章は本書全体の締めくくりです。舞台は世界の化学工業が注目する中国の石炭液化工場建設ラッシュです。満洲国で始まった人造石油の技術開発が，どのように新中国に継承されて近年の石炭液化プラント建設ラッシュになったのか，を考察します。

1．「煤制油」

　最初に，恐縮ですが，元東洋エンジニアリング中国総代表の故城島俊夫氏を紹介させて下さい。筆者は同氏から「煤制油」という中国語を知ったからです。「煤」は石炭，「制」は製造，「油」は石油で，「煤制油」は石炭から石油を造る，すなわち人造石油（あるいは石炭液化）です。公私にわたりお世話になった方で，以下，城島さんと書きます。

　城島さんは昭和32年（1957年）に東京大学工学部応用化学を卒業して東洋高圧に入社，以後，東洋高圧／三井東圧化学／東洋エンジニアリングで主として尿素プラント輸出で活躍された方です。東洋高圧／三井東圧化学時代の城島さんは海外部に所属し，世界中に尿素プラントを売りまくっていました。その頃，私は肥料事業部で中国向け尿素輸出実務担当者でした。肥料事業部では「海外部が尿素プラントを売りまくるので尿素の国際市況が下がる」と言い，海外部と肥料事業部の関係はよくありませんでした。

　ニクソン訪中の翌年のことだったと思います。四川省と山東省に尿素プラント輸出商談がまとまり，会社はプラント建設のため多くの技術者を中国に派遣しました。中国に派遣されて苦労する技術者の現地生活をバックアップせねばならないのですが，当時は中国に行くのは簡単ではなく，中国との往来は友好商社の仕事でした。

　当時の私は訪中する機会は勿論なく，輸出実務の担当者でした。ですけれども，

船積みの出発点であるL／C（Letter of Credit：輸出信用状）は中国から友好商社宛て送られてくるので，友好商社との付き合いが豊富でした。何かと不便な中国生活バックアップで喜ばれるのは，インスタントラーメンとかカレーとかレトルト食品などの食料品，あるいは家族からの手紙を現地に届けることです。ここに私の出番ありました。友好商社の仕事仲間に頼んで，彼らの訪中時に食料品や手紙を現地に託送しました。

　当時の私にとって城島さんは雲の上で輝く大先輩でした。私は輸出実務の延長線で海外部を支援したにすぎません。しかし，その縁で城島さんと会話の機会が増え，世界の尿素事情を少しずつ知るようになりました。その後しばらくして，会社の経営方針で，海外部の技術輸出部門は東洋エンジニアリングに移管され，それに伴い，城島さんも東洋エンジニアリングに転じました。

　時は流れ，その後，城島さんは東洋エンジニアリング中国総代表として北京駐在しました。丁度その頃，私の勤務していた会社は天津に最初の合弁企業を設立しました。これが1993年のことです。それまで会社には中国本土に事務所がなく，香港事務所から中国をみる体制でした。天津の合弁会社誕生を機に香港事務所を廃止して香港を含む中国全体をみる本部を北京に置き，同時に，販売会社を上海に設置するプロジェクトが生まれ，私はプロジェクト事務局になりました。度々訪中し，再び城島さんのお世話になりました。

　城島さんは「1日に新しい単語1つは必ず覚える」を口癖に中国語を懸命に勉強し，中国語の新聞・雑誌・文献等を熱心に読んでいました。東洋エンジニアリングを定年退職された後はコンサルタント会社を設立し，コンサルタント業務のかたわら『中国化工情報』という隔月発行の中国技術情報誌を刊行されました。この雑誌の購読料は年間3万円と安くはなかったのですが，内容がしっかりしていたし，また，長年お世話になった城島さんへの支援にもなるので，購読を継続しました。

　前置きが長くなりました。ここで「煤制油」です。2004-05年頃だったように思います。『中国化工情報』に「煤制油」という中国語がしばしば登場し，そして，「煤制油」のルーツは戦前の満洲国らしいよ，と城島さんが教えてくれたのです。本章は『中国化工情報』に負うところ大で，今は亡き城島さんへの墓前報告でもあります。

2. 留用技術者の訪中と日中技術交流

　中国の「煤制油」すなわち石炭液化工場建設ラッシュとその影響は世界の化学工業が注目しています。この中国の石炭を出発原料とする石油化学のルーツは，戦前日本の化学業界が満洲国で取り組んだ人造石油研究開発です。

　人造石油の技術には，石炭低温乾留法，石炭を高温高圧下で水添（水素添加）により直接液化する法，石炭から水素と一酸化炭素で水生ガスを作りそれを液化する間接液化法の3種類があります。この3つの生産技術のうち，石炭低温乾留法は技術が容易でも製品用途が限られます。それゆえ，事実上の技術の選択は直接液化法か間接液化法でした。

　日本敗戦時点で，東北に残されたの5つの人造石油工場（撫順，錦州，吉林，四平街，奉天）のうち，技術的に容易で用途が限られる低温乾留法の四平街を除くと，撫順，吉林，奉天は直接液化法で，錦州は間接液化法でした。この5工場で新政府が人造石油工場として再建したのは錦州だったのを第7章でみました。

　ドイツ技術の間接液化法であるフィッシャー法を採用した錦州は，設備は完工したものの，建設資材不足やコバルト触媒の手当難で生産実績をあげることなく日本敗戦となりました。それにもかかわらず，新政府が人造石油工場として再建したのは，生産実績のある撫順ではなく錦州でした。

　他方，撫順の石炭液化技術の方は水添技術が評価され全中国の水添技術基地となりました。大慶原油は重質でパラフィンが多く石炭に近い特徴を持ち精製が難しいのですが，大慶の原油は撫順の水添技術で軽質化されて精製工程が容易になり，そのため，撫順は大慶原油の精製基地として活用されたことをみました。

　改革開放政策が始まると東北復興に携わった留用技術者との技術交流が始まり，その中で撫順復興に携わった満鉄技術者との交流が実現しました。交流のきっかけは，撫順復興の現地責任者であった王新三を団長とする1979年の中日友好代表団訪日です。来日した王新三は撫順復興にたずさわった留用技術者と久闊を叙し，この時，王新三は撫順の旧留用技術者に中国現代化建設への協力を要請しました。

　撫順の旧留用技術者は，王新三の要請に応えて，満鉄を中心に戦前満洲の地で働いた関係者に幅広く声をかけ，その結果，満鉄調査部出身で政界・官界に知己の多い伊藤武雄（写真15-1）を初代会長として，東方科学技術協力会が1980年

に設立されました。

写真15-1 東方科学技術協力会の初代会長伊藤武雄

伊藤は1895年生れ。東大法学部在学中に新人会結成に参加。卒業後は満鉄に入社して調査部門で活躍。戦後は日中友好協会，中国研究所他で日中友好運動に尽力した。写真は一高時代のもので，前列右から3人目が伊藤。
出所：伊藤武雄（1964）『満鉄に生きて』勁草書房，巻中写真。

　会長は伊藤でしたが，東方科学技術協力会を実質的にリードしたのは副会長の森川清です。森川は満鉄入社後にアメリカ留学し，プリンストン大学で学んで帰国した後，満鉄中央試験所で石炭液化の研究に従事しました。当時の日本は国策として石炭液化技術に取り組み，満洲でも多くの優秀な若手研究者が石炭液化技術開発に取り組んでいて，森川はそのような若手研究者の一人でした。

　森川は日本敗戦後中国に残留し，中国人に研究から工場建設まで幅広い教育をして，多くの中国人技術者から慕われます。撫順復興が終わり殆どの日本人技術者が帰国した後も中国側の要請で残留し，撫順工業大学教授・瀋陽工業大学教授として中国人学生の教育活動に従事しました。森川の帰国は1953年でした。

　東方科学技術協力会は炭田開発，オイルシェール，石炭化学，電力，鉄鋼等のプロジェクトチームを設け，現代化建設のための提言をまとめました。石炭液化を含む石炭化学プロジェクトチームの主査は副会長の森川です。1982年団長の森川清以下12名が中国の要請で訪中し提言を手渡しました。提言には石炭液化が含まれていました。

　訪中した森川が撫順を訪れると，かって森川が指導した技術者が，文革時代には苦労したものの，工場幹部になっていました。彼らは森川の撫順訪問を歓迎し，さらに，撫順工業大学教授や瀋陽工業大学教授で教えた時の教え子も加わって，森川との再会を喜びました。その時の撫順の工場の状況を森川は次のように記しています：

「…嬉しいことに，この工場は質量共に大発展を遂げていました。新しい高圧水素プラントが増設され，運転されていました。私たちが復興のお手伝をした古いプラントも，寿命のきた高圧反応塔などを，皆国産の新品と取り替えたそうです。ここの技術が大慶の石油コンビナートに輸出されたのを実際に見たことがありますが，彼らの言うところでは，全国の高圧水素化技術の基地・本山になっている由。…」

　森川が訪中した前年の1981年，東方科学技術協力会と中国との交流の中で内蒙古自治区科学教育団が来日し，内蒙古における石炭を中心とした産業開発の共同調査要請が出ました。そのため，1982年に訪中した森川を団長とする調査団は，一部が内蒙古に訪れて現地事情を視察し，内蒙古の産業開発と石炭液化に関する技術協力をしました。

3．東方科学技術協力会とNEDO

　この間，日本政府は，第1次石油危機直後の1974年にサンシャイン計画を打ち出し，東方科学技術協力会が設立された同じ年の1980年にNEDO（新エネルギー・産業技術総合開発機構）が設立され，NEDOにより戦前日本の石炭液化技術開発が再開されることになりました。1970年代末に第2次石油危機を迎えたこともあり，強力な石炭液化の技術開発体制が組まれて，NEDOは世界のトップレベルの石炭液化技術開発に成功しました。

　2011／12版『中国化学工業年鑑』には，直接液化法技術開発は第6次5ヵ年計画（1981-1985年），第7次5ヵ年計画（1986-1990年）における基礎研究，および，20年近い海外企業との技術協力を通じて，中国は実験室レベルでの直接液化技術を確立した，と書かれています。

　私の分析では，これは日本政府がNEDOの技術援助で，北京の和平里にある石炭化学研究所に，0.1トン／日の石炭液化実験プラントを1982年に建設したことを指しています。NEDOに問い合わせたところ，この実験室プラントで日中共同して神華炭を含む中国炭の液化試験を10年近く実施してデータの蓄積をした，と回答がありました。2011／12版『中国化学工業年鑑』の第6次5ヵ年計画と第7次5ヵ年計画における基礎研究では，NEDOの技術協力が大きな役割を果た

196　第3部　改革開放後

したと思われます。

　この時，NEDOは，石炭工業部の石炭化学研究所の研究スタッフを日本によんで，同じ0.1トン／日の石炭液化実験プラントがある通産省工業技術院，北海道開発工業試験場，三井造船千葉研究所において，技術研修教育をしました。NEDOの支援は高性能の液化触媒の開発にも及び，安価な現地調達が可能な液化触媒候補物質の探索をしました。

　基礎研究に続き規模をより大きくした中間試験プラントF／S（Feasibility Study：企業化事前調査）の準備に入りました。これが第8次5ヵ年計画（1991-1995年）と思われます。そして，第9次5ヵ年計画（1996-2000年）で商業プラント建設候補地として内蒙古，雲南省，黒龍江省を選び，F／Sを実施しました。

　F／Sにおける原料炭は内蒙古は神華炭，雲南省は先鋒炭，黒竜江省は依蘭炭です。雲南省先鋒炭によるF／Sではドイツ政府が技術協力しました。戦前，ドイツは日本を上回る石炭液化生産実績があり，ドイツ技術協力による先鋒プロジェクトは格別に有望視され，「北の神華」「南の先鋒」と言われた石炭液化2大プロジェクトでした。

　先鋒プロジェクトは1997年ドイツのルルギ社との合作でF／S実施し，第10次5ヵ年計画プロジェクトとして国家計画委員会認可を得ました。ただし，外資利用の条件があったと聞きます。先鋒炭は褐炭です。褐炭を原料とする技術開発は瀝青炭と比べて一段と難しので，そのためドイツの出資を要求したのではないか，と想像します。

　真相は不明ですが，ドイツが出資したとの情報はありません。そして，先鋒プロジェクトは実施されませんでした。黒龍江省の依蘭炭プロジェクトも，東方科学技術協力会とNEDOが技術協力しましたが，実施されませんでした。第10次5ヵ年計画で実施されたのは内蒙古の神華炭です。これにはNEDO以外にアメリカが技術協力をしています。

　東方科学技術協力会の活動で現代化政策に実際に貢献したのは，炭田開発と石炭液化の2つのプロジェクトです。中国の窓口が石炭工業部で，日本の実質的な推進者が森川であったことを考えると，むしろ，当然なことでありましょう。

　NPOの東方科学技術協力会メンバーは，中国技術協力に貢献できることを喜びとする技術者集団です。満鉄会の天野博之事務局長の紹介で，2008年に東方科学技術協力会の最後の会長佐野初雄氏を八王子の自宅に2度訪問しました。当時既に98歳という高齢でしたが，精神的にも頭脳面でも若々しく，長男の佐野

建一氏の言葉を借りると,「満洲時代から,亡くなるまで,純粋の技術者」であり,「こよなく中国を愛し,特に撫順炭鉱には自分の人生を賭けた」生涯でした(写真15-2)。

写真15-2　撫順炭鉱を訪問中の佐野初雄
佐野は明治42年(1909年)10月生まれ。東大鉱山学科を卒業後満鉄に入社し,撫順炭鉱で炭田開発とオイルシェール開発に従事。東方科学技術協力会最後の会長。2012年3月102歳で没後,東方科学技術協力は解散した。写真は1987年7月に撫順炭鉱を訪問した時のもの。後方にあるのは西露天掘りで,遠くに発電所が見える。
出所:佐野建一氏提供。

　ここで疑問が湧きます。伊藤武雄は東方科学技術協力会でどのような役割を果たしたのか？八王子の佐野家で閲覧した東方科学技術協力会の会報『東技協会報』には,伊藤の活動を記した内容はありません。伊藤は大学で法律を学び,技術との縁は薄い人物です。満鉄入社後は調査部門で仕事をして,技術者として立派な実績を残した東方科学技術協力会メンバーとは全く異なる異質の経歴です。一方,晩年の伊藤の回想を読むと,日中友好への強い思いが滲み出ています。この点は他のメンバーと共通します。

　この時期には日中友好を合言葉にした技術協力が数多く生まれました。そのような技術協力に共通するのは,中国側が日中友好に意欲的な日本の民間部門と政府部門の双方に巧妙な工作をしている点です。私のこれまでの中国観察から推論すると,東方科学技術協力会からNEDOへの橋渡しは,伊藤が陰で動いた可能性が強いと思います。

　NPOの東方科学技術協力会は活動で資金の制約がありました。石炭液化の技

術開発協力は東方科学技術協力会が始めた活動ですが，その実行には多額の資金が必要で，現実はNEDOに引き継がれています。東方科学技術協力会からNEDOへの橋渡しを，森川をはじめとする東方科学技術協力会の中心メンバーがしたとは思えません。

設立総会における伊藤の挨拶によると，設立総会の会場には参議院議長や通産大臣を初めとする代議士，官僚等の出席があります。伊藤は，NPOで資金の乏しい技術者集団の東方科学技術協力会の活動を，自らの人脈で政治家や官僚に働きかけて側面支援したのではないか，そして，その結果がNEDOによる日中技術協力ではないか，というのが私の推論です。勿論，この推論は今後の検証が必要です。

4. 石炭液化工場建設

改革開放政策下で中国は高い経済成長が継続し，石油消費は増加の一途となりました。他方，国内での油田開発は進まず，1993年に再び純輸入国に転じて石油輸入は増加を続けました。今世紀に入ると，それまで低価格であった国内石油価格を国際価格にリンクさせ，同時に，国家戦略として石油資源を重視する方針を出しました。

この頃，中国が海外で活発な石油資源獲得の動きをするようになったのは，このような国内石油事情を反映したものです。2005年中央企業のCNOOCがアメリカ石油資本ユノカル買収に動き話題となりました。ユノカル買収は実現しませんでしたが中国の石油戦略を世界に知らせました。この石油重視戦略下，国内の海洋・陸上で油田開発を進めると同時に，石炭液化工場建設を推進しました。

NEDOは1980年代に0.1トン／日の実験室プラントから1トン／日の「中試プラント」に規模を拡大して技術開発を進めたのですが，中国はNEDOと同じo.1トン／日から始めて6トン／日に規模を拡大して技術開発を進めました。そして，上海の中試プラントは2004年9月に完工して順調な運転に入りました。

中国はこの中試プラントの順調な運転をみて，直接液化法の技術開発成功に自信を持ったと思われます。内蒙古自治区のオルドスで2004年8月に年産100万トンの商業プラント建設工事開始に入ったのはその自信の表れと思われます。こうして実現したオルドスの商業プラントは完工後順調な運転を続けています（写

真終-3)。

　最初の石炭液化工場を建設した神華は1995年設立の若い企業です（写真15-3）。一般の国有企業とは異なり，神華は国務院が直接管轄しました。神華は炭鉱，電力，鉄道，港湾，石炭化学を一体化して地域開発を進め，個別の産業や地域の枠を超えた多元的経営を行う超大型の中央企業です。第13章で概要をのべたので参考にして下さい。

　石炭を石油に変えて燃料や化学原料にする技術は，戦前，石油資源に恵まれないドイツと日本が懸命に技術開発したものです。戦後はドイツ・日本に加えてアメリカも技術開発に加わりました。戦前の技術開発は戦時体制下で経済性を度外視でした。戦後の技術研究では，いかにエネルギー効率を上げて経済性を高めるかに注力しました。

写真15-3　神華石炭液化工場全景

オルドス市は内蒙古西南部にあり人口約200万人。1990年代に中国有数の産炭地となった。第10次5ヵ年計画の西部大開発で更に開発が進み，近年のバブル崩壊まで「中国一豊かな都市」と呼ばれるほど石炭化学を中心に急成長した。しかし，不動産市場崩壊でオルドス市は財政危機下にあり，地方政府で初の破産危機に直面していると一時は言われた。
出所：『中国化学工業年鑑　2010　上巻』巻頭写真。

　1990年出版の『中国科学技術四十年』をみると，中国が最も手厚く人材と資金を投入して成果をあげたのは，重質の大慶原油の分解精製技術です。重質で固形化しやすい大慶原油を水添で軽質化する技術は，直説法の石炭液化技術と同次元の技術開発です。戦後世界で中国のみが石炭を原料とする石油化学コンビナート建設に至ったのは，基幹の水添技術が大慶原油精製に必要であり，中国のみが技術開発を継続してきたためと思われます。

200　第3部　改革開放後

　満洲国で始まった石炭液化技術は，重質原油の水添技術として継承されたことを繰り返しのべました。改革開放政策下，中国は留用技術者との技術協力で石炭液化技術開発を開始し，さらには，日本・ドイツ・アメリカ政府の技術協力を受けて，今世紀初めにはついに技術開発に成功したのです。

　中国の石炭液化プラント建設ラッシュはすさまじいものがあります。建設ラッシュが始まった当時の中国の化学業界紙によると，石油価格が22-28ドル／バレルで「煤制油」プロジェクトの経済性が出てくるので経済性の目途を25ドル／バレルとしました。次々に「煤制油」プロジェクトが発表され，建設工事に入った背景がここにありました。

5．間接液化法について

　これまでもっぱら直接液化法を論じましたが，間接液化法も若干ふれます。中国で最初に稼働した石炭液化工場は，すでに何度もふれたように，新中国成立直後に再建された錦州です。錦州の石炭液化プラントは三井グループがドイツから技術導入したもので，技術はフィッシャー法による間接液化法でした。

　日本が満洲に建設した5つの石炭液化工場のうち，錦州のみが石炭液化工場として再建されたことをのべました。しかし，間接液化法はコストが高く，大慶油田の発見で石油生産が増加すると，錦州は1967年生産停止しました。従って，間接液化法の技術は，一旦は継承されたにもかかわらず，改革開放政策下の中国に生きていません。

　従って，中国が石炭液化技術開発に取り組んだ時，海外との技術協力が必要でした。中国が選んだのは南アの資源採掘・化学企業SASOLです。南アは石油資源に乏しく大半を輸入に依存していますが，南アのアパルトヘイトに対し国際社会が石油を禁輸したことがあったため，石油ではなく国内に豊富な石炭に依存する国策をとっているからです。

　戦後世界の技術革新では，石炭から石油や天然ガスなどの流体原料を転換するのが流れでした。世界の趨勢が流体原料で大型化に向かったアンモニアやメタノールでも，南アではSASOLが石炭を原料に大型化を進めてきました。近年，SASOLは石炭をガス化して石油に変え（すなわち間接液化法），それを石油と混合して利用しています。

城島さんが刊行した『中国化工報』によると，中国はSASOLと合弁での間接液化法の石炭液化計画F／Sに入りました。ただし，SASOLは技術移転費用として10億ドルを要求し，これが総投資額の28％も占めるため，両者の大きな争点になったことを報じています。合弁計画の中国側出資者は，神華グループ子会社の神華寧夏煤業でした。

　神華寧夏煤業は2002年設立の寧夏煤業集団有限責任会社に，神華が2006年出資し神華51％，寧夏回族自治区49％の合弁会社です。神華寧夏煤業とSASOLの合弁構想は結局実現せず，その代わり，中国科学院が独自に自主開発したという技術で神華寧夏煤業が間接液化法の工場建設に入りました。工場は2009年に完成して順調な生産を続けています。

　他方，巷間のうわさによれば，SASOLは中国に激怒しています。私自身も経験したことがありますが，合弁計画が決裂した際に，中国はF／Sの過程で入手した設計図で国産技術を改良し，単独で計画を実施することがあります。SASOLの合弁事業構想でも同様なことが生じて，そのためにSASOLが中国に激怒しているでは，と想像します。

　NEDOの解説によると，エネルギー効率は直接液化法が60-70％，間接液化法が40-45％。直接液化法はガソリン用に適し，間接液化法は軽油用に適しています。間接液化法はエネルギー効率に劣るものの，中国で需要の多い軽油生産に適しているので，間接液化法も一定の生産シェアを持つと思われます。

6．アンモニア，メタノールと石炭液化

　アンモニア，メタノール，石炭液化技術開発は，炭化水素源からの水素を原料とする同じファミリーの技術で，いずれも戦前のドイツが開発したものです。工藤章東京大学名誉教授がドイツで旧IG3社内部資料を基に書かれた論文によると，アンモニア合成技術開発の延長上にメタノール合成があり，そのまた延長上に石炭液化技術開発があり，「それらがいずれも（筆者注：石炭を原料とした）高温高圧下での触媒を用いた反応として共通である以上，技術的には当然の方向であった…」とのべます。

　工藤教授の記すところの意味は次のとおりです。メタノール合成もアンモニア合成も共に，まず，石炭・石油・天然ガス等のハイドロカーボン資源から水素を

生成し，この水素がアンモニアやメタノールの主原料となります。アンモニアは水素を空気から分離した窒素と高温高圧下で二重促進鉄触媒により反応させて合成し，メタノールは水素をプロセス中に発生したCOやCO_2と高温高圧下で金属酸化物触媒により反応させて合成します。

　他方，石炭液化の直接液化法の場合は，アンモニアやメタノールと同様まず水素を生成させ，この水素を高温高圧下で鉄系の微粉触媒で石炭と反応させて石油にします。従って，アンモニア合成の技術開発の延長上にメタノール合成があり，そのまた延長上に石炭液化技術開発があったのは，「いずれも高温高圧下での触媒を用いた反応として共通である以上，技術的には当然の方向であった…」となるのです。

　アンモニア，メタノール，石炭液化のプロセスが同じ（水素）ファミリーにあることを示す事例は吉林です。戦争末期，吉林で建設中の石炭液化工場は日本窒素が経営破綻して経営が満鉄に移管されましたが，満鉄は撫順に同じ直接液化法の工場を持っていたため，メタノール工場に改造しました。そして，戦後，吉林を訪問した旧日本窒素社員は石炭液化工場は（窒素）肥料工場になっていたと記しています。つまり，吉林では石炭液化工場が満鉄の手でメタノール工場になり，新中国はそれをアンモニア工場にしました。

　メタノールはアンモニアに比べて輸送や貯蔵が容易であり，また，大規模生産の生産技術も確立しています。そのため，中国は，石炭から石油にしてそれを分解して軽質オレフィン（エチレン，プロピレン）にすることをせずに，石炭をひとまずメタノールにし，メタノールから軽質オレフィンを生産するという生産技術を確立しました。

　振り返ってみると，戦後の石油化学発展では戦前の石炭液化技術開発が貢献しました。最近は，それとは逆に，戦後の石油化学発展で蓄積された技術とエンジニアリングにより，石炭からの石油化学生産が発展したといえます。神華以外に石炭工業部傘下の中煤や電力企業の大唐やSINOPECも石炭液化に進出しており，近年の中国ではこのような石炭を原料とする石油化学プロジェクトが各地で相次いでいる次第です。

注

1 中国の過去三千年来の社会は封建社会であったとし，1840年のアヘン戦争後の中国は，封建社会から「半植民地半封建」社会に入ったとする。その後，日本の中国侵略で状況はさらに悪化し，1949年に中国共産党により中華人民共和国が誕生して新しい中国が生まれるまで「半植民地半封建」社会は続いたとみる。

2 日本も2008年の胡錦涛の来日時に梅屋庄吉が経営した日比谷公園内レストラン松本楼で歓迎の宴会を持ち，2010年上海万博では「孫文と梅屋庄吉展」を開催した。

3 1927-1937年を南京国民政府時代，1938-1946年を重慶国民政府時代と略称する。

4 GHQ（General Head Quarters：連合国軍最高司令官総司令部）はポツダム宣言執行のために占領政策を実施した機関で主力はアメリカの軍人・民間人。連合国軍の日本占領方式はGHQの指令を日本政府が実施する間接統治であった。

5 「関東」は「山海関の東の地方」で満洲の地の総称。「関東」はロシアが使用し，日本も軍や行政府の呼称にした。

6 佐伯千太郎（1946）『偽満洲国主要化学工業政策変遷史』（東北行営）経済委員会工鉱事処，遼寧省档案館史料 "工鉱1466" および『満洲国主要化学工業会社設立経緯』（東北行営）経済委員会工鉱事処，遼寧省档案館史料 "工鉱1478"。

7 佐伯は1935年京都帝国大学経済学部卒業後満鉄入社。1936年日満商事設立に伴い同社に転籍し，統制経済下の満洲国化学工業政策実施に携わった。

8 "2キ" は関東軍参謀長で後に首相の東条英機，大蔵省から派遣され内政を取りしきった星野直樹。"3スケ" は日産財閥を満洲に移住させた鮎川義介，商工省から派遣され産業開発を指導し戦後首相の岸信介，国際連盟で脱退宣言をし後に満鉄総裁の松岡洋右。

9 冀は河北省のことで，冀東は河北省東部北東部をさす。

10 北平は国民政府が南京を首都した後の北京の地名。

11 日本敗戦後，清華大学と北京大学は北京に，南開大学は天津に戻って再建された。

12 チャハルは内蒙古中部。

13 綏遠も内蒙古中部。

14 満鉄の調査組織は時と共に変遷するが本書では満鉄調査部で統一。

15 旭硝子は1944年に日本化成と合併して三菱化成となった。なお，三菱化成は1936年に社名を日本化成に変更している。

16 高碕達之助は敗戦時の満洲重工業総裁。戦後中国に残留して日本人帰還交渉をソ連と交渉，ソ連撤退後は国民政府や共産党と交渉した。帰国後は政界に転じて周恩来や廖承志との信頼関係を築いてLT貿易とよばれる覚書を協定し，1972年の国交回復につなげた。

17 「行営」は中国語で「（最高統帥者の）野戦司令部」を意味する。

18 「留用」は国内経済建設に必要な日本人技術者を残留させることを意味する中国語。

19 ドイツ化学企業に関する論文を数多く発表されている工藤章東京大学名誉教授の近著によると，呉蘊初以下の国民政府資源委員会メンバーは，ドイツと間接液化法の技術導入交渉を経験している（工藤章（2017）「IGファルベンの中国戦略：戦争準備と人造石油」田嶋信雄・工藤章編『ドイツと東アジア：1890－1945』東京大学

出版会，pp.634-639）。錦州での石油生産開始成功はその時の見聞も貢献したと思われる。

20 戦前日本も大慶で油田開発した。大慶油田は地下 1000 メートルから始まっているが，当時の日本のボーリングは 700 – 800 メートルの深さまでで油田開発に成功せず。

21 最大の小三線建設の事例は上海。上海は海岸からの攻撃に最も脆弱な産業都市のため，安徽省南部，浙江省西部の山岳地帯に，兵器工場を主とした生産基地が建設された。上海の小三線建設は 1965 年に始まり 1988 年まで続いた。（中共上海市委党史研究室・上海市現代上海研究中心編著（2013）『口述上海：小三線建設』上海教育出版社，p.1。）

22 北京の天安門に 100 万人収容できる地下街があると聞いた読者は多いであろう。地下街は米ソの核攻撃に備えて中南海の政府要人や北京市民の緊急避難のため建設された。

23 体化は英語の embody の訳語で経済学用語。「技術が設備に体化されている」とは「技術が具体的な形になったものが設備である」の意。

24 「キーを差し込み，回せばスタート出来る状態で引き渡す」の意味でフルターン・キー契約という。

25 1962 年 11 月に調印された準政府間協定に基づく日中間の長期バーター貿易。LT は調印者の廖承志と高碕達之助の頭文字。戦後の日中貿易は国交がないまま民間ベースで継続されてきた。しかし，1958 年に長崎国旗事件が発生し日中貿易は完全に停止していた。

26 日本政府は池田内閣から佐藤内閣に変わると，吉田茂元総理大臣がアメリカと台湾に中国の正統政権が台湾の国民党であることを文書に記して送った。この手紙には中国向けプラント輸出には当分輸銀融資は行わない旨が明記されていた。

27 今世紀中に，農業，工業，国防，科学技術の現代化を全面的に実現して，中国の国民経済を世界の前列に立たせる，という構想。

28 大躍進は土法（在来技術）による失敗だったが，「経済発展 10 カ年規画」は大規模西側技術導入による破綻なので，大躍進をもじって洋躍進とよばれた。

29 共産党の調整政策の基本精神を示す「調整・改革・整頓・向上」8 文字。

30 エチレン製造の原料をプラントに供給開始するとき，原料がナフサなど液体の時にオイルインと言う。原料がエタンなどガスの場合はガスインということもある。

31 エチレンは 99.9％以上の純度と不純物含有量に厳しい制限があり，オイルイン後の不純物を精製して出来たエチレンが規制値の範囲内になった時にオンスペック達成という。

32 年々の日中経済知識交流会の開催日と場所は『化学経済』2015 年 1 月号，p.97 参照。

33 筆者の中国駐在時代（1994 – 99 年）の朱紹文からの聴取による。本人の言によると，朱紹文は小宮教授の門下生であり，北京一高会（在北京の一高留学経験者）会長なので，訪中の日本企業経営者と懇談機会が多かった。筆者も東京から VIP 来訪時に何度か朱紹文を招聘して講話をしてもらった。朱紹文は日本語が堪能で話が分かりやすく東京の VIP から大変好評であった。戦後荒廃から短期間に経済発展を遂げた日本は，国民所得が高いのみならず貧富の差が小さいので社会主義が目指す国家像であること，強力な官僚組織が国家運営を主導する日本は中国共産党が目指す国家

モデルであること，を常に強調していた。

34 通航・通商・通郵。通郵は中国語で郵便を意味する。

35 テストケースを意味する。局部地域で試みること。「まず試行錯誤をして，問題がおきたら直ぐに見直す」のは中国の改革開放の本質である。

36 沿海部と長江流域の開放地帯は海で交差してＴ字型になることからよばれた。

37 企業の職責から行政を分離すること。

38 筆者はジュネーブにあるWTOを3度訪問する機会があった。WTOは人員が400名程度の小さな組織で，その機能は1万人を超える世界銀行などとは大きく異なる。大きな問題は加盟国間で話し合われるのでWTOは事務局機能に徹している，と事務局メンバーから説明を受けた。加盟交渉が，WTO事務局との交渉である作業部会と，加盟国との2国間交渉の2本立てなのはこのようなWTOの機能を反映している。

39 関税譲許という言葉はわかりにくいが英語の tariff concession を日本語訳したもの。concession の動詞形 concede は「容認する」，「権利を与える」の意。tariff concession すなわち関税譲許は「関税は理想的にはゼロにしたいが，この水準までは認めようと合意した関税率」と考えるとよい。

40 WTOルールではアンチダンピング措置発動の前にアンチダンピング調査が必要。調査で輸入国の被害が明かになった場合は，救済にアンチダンピング措置を認める。

41 アンチダンピングをはじめとするWTOルール等に関する調査及び情報提供活動を続けてきた公正貿易センターは，29年間の活動を経て2013年に廃止された。

エピローグ

1．まぼろしの連載原稿

　本書の原作である『化学経済』における連載では，多くの読者からコメントをいただき，それにより私の執筆意欲が盛り上がったことを冒頭に書きましたが，読者からのコメントに加え，『化学経済』誌の編集からは常に暖かい励ましの言葉をいただきました。全般的なコメントがほぼ毎回あったほか，理解しにくい文章がある時はそのことを率直に指摘していただきました。

　しかし，たった1度だけですけれども，編集と大きく対立したことがありました。2012年の夏の終わり頃だったと思います。場所は箱崎の東京シティエアターミナル近くにある化学工業日報社ビル内の会議室でした。私を含めた4名で侃々諤々の論争を長時間にわたってしました。その結果，私は編集方針に従い，執筆した第12回目の原稿は掲載しないことに同意しました。小見出しの「まぼろしの連載原稿」とはこのことです。

　ここで改めて書くつもりはありませんが，まぼろしとなった状況を簡単に紹介したいと思います。問題となったのは，戦前日本陸軍が中国で使用した毒ガスは一部が満洲で生産された可能性がある，ということを論じた点です。第1次世界大戦ではドイツが新兵器毒ガスを軍事的に使用し，この新兵器に対して戦勝国の間で一種の危機感が共有されていました。戦後，戦勝国は共通してその技術開発に取り組み，主要国はこの新兵器を保有するに至りました。日本においても同様でした。

　日本における毒ガスに関する既往の研究は，陸軍が毒ガスを使用したか否か或いはまたどのように使用したか，また陸軍が遺棄した化学兵器に関するものが主です。毒ガスがどのように生産されたかを論じたものは皆無に近いと言っても過言ではありません。全般的に，日本の毒ガス関連の解明は未だになされていません。これはアメリカが冷戦下の国益を考えて，極東国際軍事裁判（東京裁判）に

おいて，日本の毒ガス関係者を免責としたのが最大の要因といわれています[1]。国会では毒ガス関連の政府答弁が4回ありますが，資料焼却のため状況不明という答弁で終わっています。ただし，瀬戸内の離島であるが大久野島に毒ガス工場があったことは認めています。

　第12回目のまぼろしの原稿は，満洲国の奉天で関東軍の要請により毒ガスが生産された，という仮説をたてて満洲国における毒ガス生産の可能性を具体的に論じたものです。満洲国における毒ガス生産に関しては2つの先行研究があります。一つは，関東軍が遼陽で毒ガス製造を計画していたというものです。もう一つは，東京裁判の検察側資料で，日本軍捕虜が「『奉天工廠』にも毒ガス工場が存在した」と述べたという点です。

　しかしながら，いずれの研究も，関東軍が遼陽で毒ガス製造計画を持っていた，あるいは，東京裁判資料の引用で「『奉天工廠』にも毒ガス工場が存在したとの情報が日本軍捕虜から得た」と述べるのみです。実際に満洲で毒ガスが製造されたかどうかは，全く検討されていません。

　ところが，現地でのフィールドワークを通じて，瀋陽の档案館で毒ガス関連の新史料を発見しました。さらに，最近公開された政府資料に新しい情報があり，また，縁あって訪れた恵比寿の防衛研究所の戦史資料室で有力な史料を発見しました。加えて，毒ガス生産工場であったと思われる瀋陽の現地に何度か足を運ぶうちに，自らの仮説に自信を持つようになりました。このような状況下で，第12回目の原稿を書いた次第です。しかし，『化学経済』編集との約束に従って，これ以上の紹介は控えます。

2．戦前の化学業界誌からみた背景

　上でのべた状況を，戦前の化学業界誌『工業化学雑誌』掲載された講演記録により，補足説明します。蛇足ですが，全て既存の研究業績によるものであり，私が追加したものは皆無です。『工業化学雑誌』の講演記録には，毒ガスに関連するものが6回あります。その講演概略は次のとおりです：

　第1回は1928年7月号で陸軍中将の吉田豊彦が，「吾人は軍事上の見地より染料工業の盆盛運に向かわんことを希望せざるをえない」として，日本における染料工業発展の期待を述べ，陸軍が化学業界に期待するものを述べています。第

208　エピローグ

2回は1934年6月号で，陸軍科学研究所の山田桜が活性炭を利用した毒ガス防御方法について技術的な状況を講演しています。第3回は1935年6月号で鹿島孝三が平時におけるソーダ工業の発展の重要性を述べています。鹿島孝三の人物情報は不明です。

　第4回は1937年7月号で陸軍科学研究所の山田桜が再度登場。第1次世界大戦で使用された毒ガスの各国生産量と使用原料を試算しています。第5回目は1941年2月号で，牧鋭夫東大教授が，「総力戦と染料工業」と題して，染料工業と近代の総力戦争との関係を講演しています。第6回目は1942年2月号で，林茂が平時より化学設備や技術者を養成しておく必要を唱えています。林の人物情報は不明です。

　このように1928-1942年の6回の講演で，染料工業やソーダ工業の毒ガス生産との関係が，繰返して述べられています。化学工業の中で，第1次世界大戦を契機に，特に重要視されたのが染料工業でした。染料企業の生産設備は，爆薬・毒ガスへの生産転換が，比較的容易だったからです。6つの講演は14年間にわたります。しかし，バラバラになされた講演にも拘らず，論調には整合性があります。日本における毒ガス生産が主張され，同時に，染料工業およびソーダ工業の毒ガス生産の関係が繰り返し述べられています。日本の染料工業およびソーダ工業が毒ガス製造に関与したのではないかという仮説が生まれる所以です。

3. 染料工業の重要性

　戦間期（第1次世界大戦と第2次世界大戦の間）においては，主要国の染料工業とソーダ工業は政府から手厚い保護を受けました。第1次世界大戦でドイツが毒ガスを初めて戦争に使用したので，戦勝国は共通してその技術開発のため染料工業を重要視したからです。染料工業が政府から手厚い保護を受けた背景は，軍事上の理由によります。

　第1次世界大戦前はドイツが世界の染料生産の90％を支配した独占状態でした。第1次世界大戦の勃発でドイツ染料の供給が不十分となり，日本でも染料生産が始まりました。これが1914年のことです。一方，戦後のドイツ染料工業の復活は目覚しく，スイス，フランス，イギリスなどとカルテルを結成して世界の染料供給を寡占化しました。

他方，誕生して間もない戦後の日本染料工業の体質は脆弱でした。ヨーロッパの染料カルテルから輸出攻勢を受けると崩壊の危機に瀕しました。事態を憂慮した日本政府は染料業界救済に動きました。すなわち，まず，外務省通称局長代理齋藤良衛が，カルテルを代表するドイツのイー・ゲー社極東経営責任者ヴァイベルと，日独間染料輸入に関する紳士協定，すなわち齋藤・ヴァイベル協定を締結しました。

　齋藤・ヴァイベル協定により，イー・ゲー社は日本国内で生産されている品目は対日輸出を自主規制し，日本国内で生産されていない品目は自由に対日輸出することになりました。こうして国内染料企業は救済されました。これが1926年のことです。なお，齋藤・ヴァイベル協定は工藤章東京大学教授がドイツ滞在中にBASFアーカイブで入手した史料によるもので，現在の日本の公文書の中に存在するものではありません。

　その後，イー・ゲー社が，齋藤・ヴァイベル協定の盲点をついて，対日ダンピング攻勢をかけてくると，今度は商工省が，実力者の吉野信次[2]を筆頭にして，国産染料工業保護に動きました。吉野は自らの回想録において，ヨーロッパ出張中にイー・ゲー社と直接ネゴをして対日ダンピングを抑えた，と語っています。その結果，染料企業は，染料製造奨励法という法律の下で，政府から補助金支給を受けて生産をしました。同時に，中橋徳五郎商工大臣は，国会で染料工業の重要性をのべて，国産染料工業育成策の必要性を主張しました。

　このように，日本政府が，国内染料工業保護策のために，ヨーロッパの染料カルテルと紳士協定を結んだり，染料企業への補助金支給に動くというのはただ事ではありません。一連の国家による染料工業保護策は，先ほどの『工業化学雑誌』の講演記録がのべている染料工業およびソーダ工業の毒ガス生産の関係と裏腹の関係にあるといえます。

　まぼろしの第12回原稿は，このような客観情勢下，満洲国の染料企業の動向や塩素バランス等を基にして，東京裁判の検察側資料にある日本軍捕虜の証言「『奉天工廠』にも毒ガス工場が存在した」の検証を試みたものです。しかし，『化学経済』誌の編集方針に従い，これ以上の紹介は控えます。

4. 中国研究の原点

　大変遅れてスタートした私の中国研究には2つの原点があります。その一つは，生まれ故郷の満洲国の経済遺産が現代中国経済にどのような足跡を残しているか，を探求することです。　本書の終章で石炭液化が現代中国経済にどのような足跡を残しているかを分析しましたが，この分析がそうです。

　もう一つの原点は，毛沢東時代の日中肥料交渉を通じて知った特異な中国の産業構造は現代社会にどのような影響を与えているか，を分析することです。毛沢東時代の100日交渉（あるいはマラソン交渉）と言われた長期の難交渉だった日中肥料交渉団に参加した諸先輩から聞く中国事情，あるいは，懇意な友好商社から聞いた毛沢東時代の中国事情，は当時の私にとって別世界の夢物語でした。

　当時の世界の肥料工業は，ナフサや天然ガスなどを原料にして，大型アンモニア設備を柱にした大型化を志向していました（写真E-1）。しかし，中国の肥料工場はまるで異なり，石炭が原料であって，全国の農村地帯に数多くの小型工場があると聞きました。

写真E-1　三井東圧化学大阪工業所の尿素工場

三井東圧化学大阪工業所の尿素工場は日本から中国への肥料輸出の中心地であった。
出所：三井東圧化学社史編纂委員会（1994）『三井東圧化学社史』，巻中写真。

　また，炭安という聞いたことないものが肥料として使用されている話を聞きました。小型工場も炭安も毛沢東の世界戦略から出たもので，炭安を肥料に使用しているのは世界で中国だけだと，先輩から聞きました。話に聞く毛沢東時代の中

国は別世界でした。この時期に諸先輩から聞いた話は，トラウマのように消えることなく，今に至るまで私を中国研究に駆り立てます。

炭安については本書でも第8章で論じました。では，改革開放後，炭安はどのような道を歩んだか，目下の私はこの解明に取り組んでいます。未だまとまった論文にしていませんが概略以下の通りで，時間を作ってなるべく早く論文発表したいと考えています。

炭安関連の文献は日本にないので，北京の西三環路東側の紫竹園の隣にある国家図書館を拠点に研究活動をしています。国家図書館で資料として利用しているのは『小氮肥』という雑誌です（写真E-2）。中国語で「氮」は「窒素」のことで，「小氮肥」で「小型窒素肥料」を意味します。『小氮肥』は1973年から毎月2回刊行されていて，最初の1973年は保存されていませんが，2年目の1974年から現在に至るまで揃っており，丸々3年かかりましたが全ての号に目を通すことができました。

写真E-2　雑誌『小氮肥』

北京の国家図書館に保存されている最も古い1974年1月16日号の第1面。右肩に「毛沢東の教えにしたがい，艱難辛苦を乗り越えて，自力更生の精神で建国に励もう」という趣旨のスローガンが書かれている。
出所：『小氮肥』1974年1月16日号。

年々の『小氮肥』を読んでいくうちに，驚くべき状況がわかりました。1987年9月号に，山東省の小型肥料工場が炭安設備を尿素設備に改造することに成功したという記事があったのです。当時の武漢化工工程公司（計画経済時代は化工部第四設計院）が技術改造を1983年から開始したと書かれていました。山東省以外にも，安徽省や河南省などでも炭安を尿素に改造した記事が出てきました。

『小氮肥』とは別に『化肥工業』という雑誌があります。こちらは小型窒素肥

212 エピローグ

料を含む化学肥料全般を対象にした雑誌です。この『化肥工業』1987年1月号
に，第7次5ヵ年計画（1986-1990年）で，化学工業部が炭安設備を尿素設備
に改造する方針を出した，という記事を見つけました[3]。この化学工業部の方針
の下で，各地方がそれぞれ炭安から尿素への技術改造に取り組んだということが
わかりました。

　注目すべきは，計画経済時代は入手が困難であったステンレス等高級鋼材の手
当てが，この時期になると相対的に容易になったことです。尿素は腐食しやすい
物質なので工場建設にはステンレスが不可欠ですが，改革開放政策が深化すると
共にこのような高級鋼材の入手が相対的に容易になったという環境変化が大きな
役割を果たしています。

　炭安工場を尿素工場に改造する技術開発に成功した1987年以降，炭安工場は
次々に尿素工場に改造されました。現在の中国は世界一の尿素生産国であり，同
時に，世界一の尿素輸出国でもあります。しかしながら，この中国の尿素生産の
主力は，西側技術導入による大型工場以上に，炭安工場を改造した尿素工場での
生産であることを中国の文献が示しています。

　他方，かって世界一の尿素輸出国として肥料貿易で活躍した日本の尿素生産は，
化学メーカーの構造改善とともに大きく減少しました。目下の日本は尿素の輸入
国です。そして，日本は中国から尿素を輸入しています。まさに桑海の変です。

5. 謝辞

　本書の刊行は多くの方々の支援により実現しました。終始一貫して本書の刊行
を励まし，そして助言を下さったのは工藤章東京大学名誉教授です。中国経済に
おける個々の産業，特に研究蓄積の薄い化学工業，研究の重要性を教えていただ
いた中兼和津次東京大学名誉教授は，青山学院大学へ転じられてからも何かと声
をかけていただき，私の中国研究を一貫して支援して下さいました。私の中国研
究は社会人時代の日中貿易体験がベースになっているのですが，私の社会人時代
の日中貿易体験の師である（国交回復前から日中貿易に従事されてきた）諸先輩
が運営する日中経済交流史研究会の活動を学界に紹介していただいたのも中兼教
授です。工藤先生と中兼先生に心からお礼申し上げます。

　本書の基になった『化学経済』連載のきっかけを作っていただいたのは田島俊

雄大阪産業大学教授です。田島教授が東京大学社会科学研究所に設置された東アジア経済史研究会において，共に中国工業化の研究に励んだ加島潤（横浜国立大学），王京濱（大阪産業大学），湊照宏，松村史穂（北海道大学），堀井伸宏（九州大学），王穎琳（駒澤大学），洪紹洋（台湾陽明大学）ほかの諸兄諸姉から多くのことを学びました。田島先生と研究仲間に深い感謝の念を捧げます。

化学業界の友人や仲間からは連載中に多くの支援と激励を受けました。化学業界の中国化学工業への関心を学界の中国化学工業研究を結び付けていただいたのは西出徹雄前日本化学工業協会専務理事です。プロローグでのべたように，田島教授の発案で，中国化学工業史研究の第一人者である陳歆文先生の招聘を機に，日本化学業界と連携した中国化学工業に関する共同講演会が開催されましたが，この共同講演会は西出俊雄氏の強い支援の下で実現しました。加えて，西出徹雄氏の恩師である久保田宏東京工業大学名誉教授が化学工学会（ケミカルエンジニアの学会）のメンバーと共に参加していただき，その結果，産業界とケミカルエンジニア学会と中国経済研究者という，大変めずらしい組み合わせの合同講演会になりました。西出徹雄氏と久保田教授に厚くお礼申し上げます。

そのほか，得丸洋氏（三井化学），中尾清氏（東洋エンジニアリング），近藤洋氏（東洋エンジニアリング），長峰寛氏（旭化成）をはじめ多くの化学業界のみなさまから支援をいただきました。特に，お目にかかったことのない浜松在住の旭化成OB長峰寛氏からは，関連文献を国会図書館から取り寄せて参考にした，とのメールをいただき大変嬉しく思いました。

私のフィールドワークの中心地であった瀋陽では，松本盛雄瀋陽総領事をはじめ，郭燕青（遼寧大学），古谷浩一（朝日新聞瀋陽支局），馬進（三菱商事瀋陽事務所）ほかのみなさまの支援をいただきました。

足かけ5年もの長期連載に協力していただいた化学工業日報社の織田島修社長，田中四郎元編集局長，栗原茂美元『化学経済』編集室主幹に感謝の念を捧げます。

最後に，本書出版の労を引き受けていただいた日本僑報社の段躍中，張景子ご夫妻に厚くお礼申し上げます。

本書を去る4月にガンとの闘いで逝去した娘真理に捧げます。

2017年12月吉日　横浜の寓居にて

峰　毅

214 エピローグ

注

1 アメリカは丁度勃発した朝鮮戦争で毒ガスを使用することを検討中であったため，東京裁判では日本陸軍の毒ガス兵器使用を不問にした，と言われている。
2 商工省のエリート官僚で後に商工省次官を経て商工大臣。
3 炭安も尿素も共にアンモニアと炭酸ガスを原料とする。

■著者紹介
峰 毅（みね たけし）

　東京大学経済学部卒業。財閥系化学会社に就職し，調査企画部，肥料事業部，国際部を中心に主として海外業務に従事。この間，社命によりアメリカに留学し，ジョンズホプキンズ大学で経済学修士号取得。1994-99年北京駐在。その後東京大学に戻り経済学博士号取得。東京大学社会科学研究所を拠点にした中国経済研究活動のほか，東京大学，防衛省，（中国）清華大学などで教育活動にも従事。

中国工業化の歴史 ―化学の視点から―

2017年12月12日　初版第1刷発行
著　者　　峰 毅（みね たけし）
発行者　　段 景子
発売所　　株式会社日本僑報社
　　　　　〒171-0021 東京都豊島区西池袋 3-17-15
　　　　　TEL03-5956-2808　FAX03-5956-2809
　　　　　info@duan.jp
　　　　　http://jp.duan.jp
　　　　　中国研究書店 http://duan.jp

2017 Printed in Japan.　ISBN978-4-86185-250-3　C0036

学術研究 お薦めの書籍

- ●**中国の人口変動**──人口経済学の視点から
  第1回華人学術賞受賞　千葉大学経済学博士学位論文　李仲生著　本体6800円+税　978-4-931490-29-1

- ●**現代日本語における否定文の研究**──中国語との対照比較を視野に入れて
  第2回華人学術賞受賞　大東文化大学文学博士学位論文　王学群著　本体8000円+税　978-4-931490-54-3

- ●**日本華僑華人社会の変遷**（第二版）
  第2回華人学術賞受賞　廈門大学博士学位論文　朱慧玲著　本体8800円+税　978-4-86185-162-9

- ●**近代中国における物理学者集団の形成**
  第3回華人学術賞受賞　東京工業大学博士学位論文　清華大学助教授楊艦著　本体14800円+税　978-4-931490-56-7

- ●**日本流通企業の戦略的革新**──創造的企業進化のメカニズム
  第3回華人学術賞受賞　中央大学総合政策博士学位論文　陳海権著　本体9500円+税　978-4-931490-80-2

- ●**近代の闇を拓いた日中文学**──有島武郎と魯迅を視座として
  第4回華人学術賞受賞　大東文化大学文学博士学位論文　康鴻音著　本体8800円+税　978-4-86185-019-6

- ●**大川周明と近代中国**──日中関係のあり方をめぐる認識と行動
  第5回華人学術賞受賞　名古屋大学法学博士学位論文　呉懐中著　本体6800円+税　978-4-86185-060-8

- ●**早期毛沢東の教育思想と実践**──その形成過程を中心に
  第6回華人学術賞受賞　お茶の水大学博士学位論文　鄭萍著　本体7800円+税　978-4-86185-076-9

- ●**現代中国の人口移動とジェンダー**──農村出稼ぎ女性に関する実証研究
  第7回華人学術賞受賞　城西国際大学博士学位論文　陸小媛著　本体5800円+税　978-4-86185-088-2

- ●**中国の財政調整制度の新展開**──「調和の取れた社会」に向けて
  第8回華人学術賞受賞　慶應義塾大学博士学位論文　徐一睿著　本体7800円+税　978-4-86185-097-4

- ●**現代中国農村の高齢者と福祉**──山東省日照市の農村調査を中心として
  第9回華人学術賞受賞　神戸大学博士学位論文　劉燦著　本体8800円+税　978-4-86185-099-8

- ●**近代立憲主義の原理から見た現行中国憲法**
  第10回華人学術賞受賞　早稲田大学博士学位論文　晏英著　本体8800円+税　978-4-86185-105-6

- ●**中国における医療保障制度の改革と再構築**
  第11回華人学術賞受賞　中央大学総合政策学博士学位論文　權小娟著　本体6800円+税　978-4-86185-108-7

- ●**中国農村における包括的医療保障体系の構築**
  第12回華人学術賞受賞　大阪経済大学博士学位論文　王崢著　本体6800円+税　978-4-86185-127-8

- ●**日本における新聞連載 子ども漫画の戦前史**
  第14回華人学術賞受賞　同志社大学博士学位論文　徐園著　本体7000円+税　978-4-86185-126-1

- ●**中国都市部における中年期男女の夫婦関係に関する質的研究**
  第15回華人学術賞受賞　お茶の水大学大学博士学位論文　于建明著　本体6800円+税　978-4-86185-144-5

- ●**中国東南地域の民俗誌的研究**
  第16回華人学術賞受賞　神奈川大学博士学位論文　何彬著　本体9800円+税　978-4-86185-157-5

- ●**現代中国における農民出稼ぎと社会構造変動に関する研究**
  第17回華人学術賞受賞　神奈川大学博士学位論文　江秋鳳著　本体6800円+税　978-4-86185-170-4

元中国大使 宮本雄二・監修
日本日中関係学会・編

若者が考える「日中の未来」Vol.3

日中外交関係の改善における環境協力の役割
──学生懸賞論文集──

判型 A5判 二八〇頁
本体 三〇〇〇円+税
ISBN 978-4-86185-236-7

東アジアの繊維・アパレル産業研究
鹿児島国際大学教授　康上賢淑 著
本体 6800円+税　ISBN 978-4-86185-236-7

The Duan Press
日本僑報社

TEL 03-5956-2808
FAX 03-5956-2809
Mail info@duan.jp
http://jp.duan.jp